Amparo Álvarez
2014

La jungla de los listos

Miguel Ángel
REVILLA

La jungla de los listos

ESPASA

Diseño de cubierta: Rudesindo de la Fuente
Foto de portada: Nines Mínguez
Imágenes del interior: Archivo particular del autor

Depósito legal: B. 28.256-2013
ISBN: 978-84-670-4047-0

www.espasa.com
www.planetadelibros.com

Impreso en España/Printed in Spain
Impresión: Rotapapel, S. L.

El papel utilizado para la impresión de este libro es cien por cien libre de cloro y está calificado como **papel ecológico.**

Espasa Libros, S. L. U.
Avda. Diagonal, 662-664
08034 Barcelona

Este libro es la voz de muchos ciudadanos que me han trasladado sus preocupaciones y angustias. Hablando con ellos he aprendido más que en la universidad. Ellos han puesto la voz y yo la escritura.

¡Va por vosotros!

Índice

1. La experiencia de mi primer libro 13
La revolución tecnológica entra en mi vida 15
Revilla 1–Messi 0 24
El chiringuito prohibido 26
Dinero contante y sonante 28
Duro trabajo para el servicio de Correos 31
Algunas meteduras de pata 35
Tumultos y polémicas 37

2. La jungla de los listos 41
Un ejército de listos perfectamente organizado ... 42
Vivimos en un mundo de depredadores 52

3. Actores secundarios de la jungla de los listos: Bárcenas y Urdangarin 57
Y por fin conozco a Bárcenas 60
El papel del tesorero «emprendedor» 64
Urdangarin, el yerno. La ambición de un exjugador de balonmano 67
Nosotros también somos culpables 73

4. El FMI: instrumento de la jungla de los listos 77

5. Más que ricos 81

6. Lo que preocupa a los españoles 85
La estafa de las preferentes y otros instrumentos financieros tóxicos 85
La puerta giratoria 106
El servicio público es una vocación 110
La ley electoral 112
La corrupción 114
Los hay con suerte 118
Los ricos casi no pagan impuestos 123
El discurso de los políticos 131
La actuación de bancos y cajas 134

7. Reformas pendientes y urgentes 137
El Estado y las comunidades autónomas 137
El Senado 139
Las diputaciones provinciales 141
Las televisiones autonómicas 142
Las embajadas autonómicas 144
La política europea: ¿hay vida después del euro? 145
Una política equivocada que se carga las energías renovables y la investigación y el desarrollo 154
Cómo luchar contra la corrupción 159
Lo que ya sabemos que no funciona 172

8. LECCIONES DE VIDA 181
El banco de los pasiegos 181
«Compro oro» 184
Las dos Carmonas 185
¡Viva México! 187
El día que volví a meter la pata 191
Corinna 193
El tonto del pueblo 194
La primera película 197
¡Voy a tener un nieto! 198

9. SIGNOS DEL DECLIVE DE ESPAÑA 201
Tabacalera 201
Iberia 203

10. HABRÁ OTRA GUERRA 205

11. ¿HACIA DÓNDE VAMOS? 209
Tres pilares fundamentales: educación, ética y justicia 209
El papel de la Iglesia católica 211
Doce requisitos para un buen gobierno 212

12. ASÍ VEO A ESPAÑA 219
El divorcio de los españoles de la clase política ... 220
A perro flaco, todo son pulgas 221
El peor negocio posible 223

13. NO DEBEMOS CALLARNOS 229

PUNTO Y SEGUIDO 233

1
La experiencia de mi primer libro

A lo largo de mi vida, que dura ya setenta y un años, me han pasado, como a todo el mundo, situaciones agradables y desagradables. Más allá de acontecimientos familiares, sin duda lo más sorprendente y gratificante ha sido la publicación de mi primer libro, *Nadie es más que nadie.*

Cómo iba a imaginarme cuando la editorial Espasa lo lanzó al mercado, en el mes de abril de 2012, que dieciocho meses después sería el libro de no ficción más vendido en España, con veinticinco ediciones. Tan agradable sorpresa me ha llevado a plantearme una pregunta: ¿por qué? La respuesta es la siguiente: en primer lugar, el libro, amén de relatar situaciones más o menos jocosas que me han ocurrido, abre los ojos a muchas personas sobre lo que está sucediendo en nuestro país de una manera comprensible para todo tipo de público y desde la óptica de una persona que, liberada de las ataduras y servidumbres del poder, habla con una libertad casi absoluta.

Pero no nos engañemos. Un libro puede ser una maravilla, pero si lo escribe una persona desconocida, no llega a ser leído por casi nadie. Mis apariciones en televisión, en radio y en prensa me han convertido en una de las personas más conocidas de España.

Me ha causado enorme sonrojo, en las ferias del libro a las que he acudido, tener colas enormes de lectores que esperaban a que les firmara el libro cuando, a mi lado, escritores fabulosos no tenían a nadie. En más de una ocasión he llegado a pedirles perdón. Imagino la sensación que debieron de tener al ver a un novato, cuya actividad en la vida ha discurrido por otros derroteros, disfrutar de semejante éxito.

Siempre me ha perturbado la historia de los genios que en vida no consiguieron éxito alguno y que solo ascendieron a los altares años después de muertos. Uno de los casos más dramáticos es el de Van Gogh, uno de los pintores más cotizados en estos momentos, que no logró vender en vida un solo cuadro y que acabó suicidándose.

Quiero dar las gracias a todos los que me habéis leído y quiero pensar que mi libro ha sido de utilidad para muchas personas.

Lo que está claro es que su publicación ha cambiado sustancialmente mi vida. A pesar de mi avanzada edad, conocía muy poco de España, pero en este último año y medio he recorrido prácticamente toda la piel de toro. Ciudades grandes y pequeñas, pueblecitos de cien habitantes... En todas partes he sentido el cariño de la gente. También he comprobado que, más allá de las tipicidades de nuestra maravillosa España plural, las preocupaciones de los ciudadanos son similares en Lérida, en Calamocha, en Córdoba y en Pamplona.

Otro cambio imputable al libro ha sido mi incorporación a las redes sociales y a las nuevas tecnologías: Twitter y Facebook. Por mi edad, soy persona de hábitos muy tradicionales; jamás he contestado una carta a máquina, siempre lo he hecho con Pilot o similares. De hecho, este nuevo libro lo enviaré a la editorial manuscrito.

La revolución tecnológica entra en mi vida

El día 6 de marzo de 2012, en la sede de Espasa en Madrid, a las 13:49 horas, ocurrió algo que a la postre ha revolucionado mis hábitos. Ana Rosa Semprún, siempre Ana Rosa Semprún, directora general de Espasa, me dijo que para la promoción del libro era imprescindible que me abriera una cuenta en Twitter. ¿Qué es eso?, le pregunté. Confieso que me sonaba, pero nada más. Ella me explicó que Espasa tiene una cuenta en ese medio con cuatro mil seguidores que siguen la información sobre sus escritores para consultas, presentaciones de libros, etc.

De entrada, me negué en redondo, pero su insistencia y sus argumentos surtieron el mismo efecto que cuando me insistió para que publicara mi libro anterior. Depositó sobre la mesa un Samsung Galaxy S2 y ella misma procedió a registrar mi nueva identidad —@revillaMiguelA— antes de darme unas breves instrucciones. Enseguida percibió que, debido a mi cerrazón mental, necesitaría un tiempo de aprendizaje del que ella no disponía.

—¿Tú no tienes a alguien próximo que se maneje en estas tecnologías? —me preguntó.

—Mi mujer, Aurora, y mi hija Lara son unas expertas —contesté. Lara, con catorce años, maneja los móviles como Chopin manejaba el piano.

—Entonces lo tienes fácil. Tú les dictas los mensajes y ellas se encargan de la parte técnica.

Rememoro esta conversación porque me sirve para aclarar miles de mensajes con dudas sobre la autenticidad de mis tuits. Hay quien sospecha incluso que tengo un *community manager,* pero no es así. Twitter y Facebook son dos herramientas maravillosas, pero peligrosísimas. Jamás nadie me ha suplantado ni ha aparecido comentario alguno cuya letra y música no sean mías.

Con el Samsung Galaxy bajo el brazo me dirigí a coger el vuelo de Air Nostrum Madrid-Santander a las 21:50 horas de aquel día de marzo. Ya estaba embarcando cuando recibí la llamada de Ana Rosa Semprún. Con voz eufórica me dijo que ya tenía cuatrocientos seguidores.

—¿Eso es mucho o poco? —le pregunté.

—Es una barbaridad —dijo ella.

Cuando escribo estas líneas tengo cuatrocientos mil seguidores en Twitter y doscientos setenta mil en Facebook. He descubierto un nuevo mundo, al que me declaro enganchado. Una ventana a la libertad de expresión, sin censura alguna, por medio de la cual estoy en contacto con miles de ciudadanos. El 90% me dice cosas maravillosas, aunque hay una minoría a la que no le gusto tanto y que incluso me insulta gravemente. A ninguno los he bloqueado jamás.

Podría contar cientos de historias en torno a esta nueva experiencia que me ha permitido conocer la enorme fuerza de las redes sociales. El día 29 de enero de 2013 anuncié en Twitter la publicación de una carta dirigida al ministro de Justicia: «Acabo de remitir al Sr. Gallardón la carta que podéis leer aquí. facebook.com/photo.php?fbid…».

EXCMO. SR. D. ALBERTO RUIZ GALLARDÓN
MINISTRO DE JUSTICIA
C/San Bernardo, 45
28071 Madrid

Santander, 29 de enero de 2013

Estimado Sr:

El aviso de ingreso en prisión de Emilia Soria, la madre que en una situación de absoluta falta de recursos utilizó una tarjeta de crédito ajena para comprar alimentos y pañales a sus hijas, me parece tan injusto que me dirijo a usted, como ministro que ha tenido a bien conceder en los últimos meses indultos que han creado una verdadera alarma social, para pedirle una intervención urgente que evite esta tropelía.

De otra manera, muy a mi pesar, y siempre dentro de los cauces legales, me vería obligado a adoptar a título personal medidas que estoy seguro apoyarían muchos miles de conciudadanos.

Atentamente,

Miguel Ángel Revilla Roiz

Fue un impulso al conocer que Emilia Soria tenía orden de ingresar en la cárcel en siete días por haber utilizado de modo fraudulento una tarjeta de crédito que se encontró en la calle para comprar alimentos y pañales para sus hijas, tras haber cumplido varios meses de condena haciendo servicios sociales.

Mi indignación subía enteros minuto a minuto, sobre todo porque en estos mismos días el ministro de Justicia había concedido el indulto a un kamikaze que, conduciendo en sentido contrario por una autovía, había matado a un pobre ciudadano. En el bufete que había tramitado el indulto trabajaba como abogado el hijo del ministro.

En cuarenta y ocho horas tuve más de novecientas mil adhesiones a mi escrito. Un día después, el Consejo de Ministros concedió el indulto a Emilia Soria. El caso me provocó perturbación durante varios días por la enorme responsabilidad que adquirían mis comentarios.

Como ejemplo de mi actividad en Twitter, reproduzco algunos de los miles de tuits que he colocado en la red.

Miguel Ángel Revilla
@RevillaMiguelA

Wert: "¿Quien no tiene un 6,5 merece estar en la universidad?".
¿Y un ministro que no llega al 2 merece ser ministro?

3:30 PM - 24 Jun 2013

10,489 RETWEETS **1,233** FAVORITOS

Miguel Ángel Revilla
@RevillaMiguelA

Una mala noticia. La Audiencia de Palma retira la imputación a la Infanta. No somos iguales ante la ley.

1:02 PM - 7 May 2013

4,218 RETWEETS **310** FAVORITOS

Miguel Ángel Revilla
@RevillaMiguelA

Urdangarín a Qatar, a catar el dinero del petróleo. Que devuelva lo nuestro.

2:30 PM - 8 Apr 2013

2,398 RETWEETS **245** FAVORITOS

Miguel Ángel Revilla
@RevillaMiguelA

Me da la impresión que la mofletuda no solo se va a quedar con el € tambien se va a llevar la copa de Europa.

10:43 PM - 24 Apr 2013

2,318 RETWEETS **239** FAVORITOS

Miguel Ángel Revilla
@RevillaMiguelA

En esta ocasión el orden de los factores si altera el producto. Todo lo hacen al revés. pic.twitter.com/6CBYXMorVw

2:30 PM - 27 Apr 2013

2,218 RETWEETS **275** FAVORITOS

Miguel Ángel Revilla
@RevillaMiguelA

Ex ministro inglés ingresó ayer en la cárcel x mentir en 1 multa de tráfico (8 meses). Previamente había dimitido como ministro. ¡Como aquí!

9:26 AM - 12 Mar 2013

2,114 RETWEETS **131** FAVORITOS

Miguel Ángel Revilla
@RevillaMiguelA

pic.twitter.com/7wymcBiZal

12:49 PM - 8 Apr 2013

1,903 RETWEETS **239** FAVORITOS

Miguel Ángel Revilla
@RevillaMiguelA

El PP sigue hablando de las bondades de la reforma laboral. Viven en otra galaxia, mienten, y lo peor, se creen que hablan para idiotas.

1:45 PM - 25 Apr 2013

1,882 RETWEETS **201** FAVORITOS

Miguel Ángel Revilla
@RevillaMiguelA

Este gallo va triunfando por ahí diciendo que soy yo; pero no soy yo !
pic.twitter.com/5DYowSU7rd

Responder Eliminar Favorito ••• Más

Miguel Ángel Revilla
@RevillaMiguelA

En Santiago me he encontrado con un hermano desconocido! #fb
pic.twitter.com/DARMoupt

Responder Eliminar Favorito ••• Más

Miguel Ángel Revilla
@RevillaMiguelA

Este lunes seré Pons en @El_Intermedio. ¡Lo que tengo que hacer para mantener mi nidada! #estorninos. #fb

Miguel Ángel Revilla
@RevillaMiguelA

Ser feliz no es caro, toma nota Urdangarín.

Miguel Ángel Revilla
@RevillaMiguelA

Wert: "Soy un portento de humildad y educación". ¡Viva el vino!

Miguel Ángel Revilla
@RevillaMiguelA

No me creo que EEUU haya espiado a Rajoy, espiando a la Merkel ya saben lo que va a hacer él.

Miguel Ángel Revilla
@RevillaMiguelA

1 jun 2007 (sin crisis) había 638.000 m.€ en circulación
1 jun 2013 (crisis) hay 918.000 m.€
¿Quién los tiene?

Miguel Ángel Revilla
@RevillaMiguelA

La recesión ha terminado. Los cien más ricos del mundo, que en el 2007 tenían 1,2 billones de euros, tienen ahora 1,7 billones

Miguel Ángel Revilla
@RevillaMiguelA

La recesión ha terminado. Los que la han provocado ya pueden hacer negocio con la sanidad, educación y los planes de pensiones

Miguel Ángel Revilla
@RevillaMiguelA

La recesión ha terminado. Los que la han provocado ya compran terrenos, inmuebles y acciones a mitad de precio

Miguel Ángel Revilla
@RevillaMiguelA

La recesión ha terminado. Los que la han provocado ahora tienen 6 millones de personas en cola para trabajar por 600 €

Miguel Ángel Revilla
@RevillaMiguelA

Wert-Wete se arruga. Si merece la pena protestar. Es un cara, un provocador y un enemigo del pueblo. ¡Fuera ya!

Se ha convertido en un clásico mi tuit mañanero, entre las 7:30 horas y las 8 de la mañana:

Miguel Ángel Revilla
@RevillaMiguelA

Buenos días desde Astillero, cielo totalmente despejado. 20 grados

He podido comprobar que, más allá de contribuir a generar opinión, Twitter y Facebook también son herramientas de información muy útiles.

Revilla 1–Messi 0

El día 19 de septiembre de 2012, las mujeres empresarias de Orense me invitaron a pronunciar una conferencia en la ciudad a las ocho de la tarde. Al organizar el viaje, vi en el mapa que más o menos a medio camino se encontraba Benavente (Zamora), lugar que no conocía. Así que se me ocurrió publicar un tuit pidiendo que me recomendaran un lugar para comer. En veinticuatro horas recibí alrededor de mil doscientos mensajes. La mayoría me recomendaba el restaurante El Ermitaño.

El día de autos por la mañana mandé el siguiente texto: «Acatando la voluntad popular, a las dos de la tarde comeré en El Ermitaño». Cuando a esa hora llegué, muchas personas y el propietario me esperaban en la puerta. El dueño me agradeció la elección de su local para comer, a lo que le contesté que diera las gracias a los cientos de personas que me habían enviado allí.

Ese viaje tuvo más recorrido. Ya en dirección a Orense, y puesto que el acto iba a ser presentado por el alcalde, le pedí a mi mujer que me buscara algún dato sobre él para hacerme una idea sobre de qué pie cojeaba. Con gran sorpresa me dijo que era del PSOE y que se llamaba Francisco Rodríguez. Tenía la idea de que, tras haber arrasado el PP en las elecciones de 2011 en España, y sobre todo en Galicia, el alcalde habría de ser *pepero*.

A las 20:00 horas, el alcalde y la presidenta de las empresarias me recibieron con el cariño proverbial de los gallegos. Tras la presentación laudatoria a mi persona, me llegó el turno de desarrollar la conferencia, que titulé «Cómo salimos de esta». Más de seiscientas personas abarrotaban el salón a la misma hora en la que el Barcelona jugaba un partido de la Champions. Di las gracias a los asistentes por acudir a escucharme en vez de ver jugar a Messi.

La conferencia, sin papeles, duró unas dos horas. Recuerdo que me referí a la corrupción política con un llamamiento a los jueces para que fueran beligerantes con los políticos que meten la mano, argumentando que ya era hora de que las cárceles las llenaran no solo los robaperras. El alcalde se levantó entusiasmado para aplaudir. El público le secundó enseguida.

A las nueve de la mañana del día siguiente, mientras visitábamos las termas de Orense, mi mujer, que iba tecleando en el móvil para conocer las últimas noticias, dio un salto y pronunció una exclamación: «¡No!».

—¿Qué pasa? —le pregunté preocupado.

—Mira, lee: el alcalde de Orense ha sido detenido en su domicilio por efectivos de la Guardia Civil hoy a las ocho de la mañana.

La prensa gallega me sacaba en portada con el detenido y, a pie de foto, se leía este texto: «El alcalde de Orense en su último acto público, que versó sobre la corrupción, acompañado del ponente Miguel Ángel Revilla».

Como al día siguiente la charla era en Pontevedra, y con el mismo contenido, varios graciosos me mandaron mensajes: «… Y ahora viene a por el de Pontevedra».

El chiringuito prohibido

Fue allí, en Pontevedra, donde pude comprobar que en la Galicia profunda aún existen comportamientos caciquiles que nunca he conocido en mi tierra. Cuando llegamos al hotel pedimos que nos recomendaran algún pueblo próximo para comer al lado del mar. Combarro, a diez kilómetros de la capital, fue el lugar elegido.

Cogimos un taxi y llegamos a un pueblo precioso. En paralelo a la playa, que estaba en bajamar, se alineaban una especie de hórreos de piedra que lindaban con una callejuela estrecha llena de restaurantes y tiendas de *souvenirs*. Al final de la calle había un asador con una amplia terraza con vistas al mar. Un muchacho joven, que resultó ser el propietario, asaba pulpo en una parrilla, mientras en la playa cientos de mujeres cavaban afanosamente en busca de berberechos.

Rápidamente le dije a mi mujer:

—¡Aquí comemos!

Pronto se acercó el joven propietario, que, como digo, asaba pulpo, y naturalmente fue lo que pedimos, junto con vino Albariño para beber. Algunos turistas se acercaron a saludarnos y poco a poco las mesas se fueron llenando, quizá atraídos por nuestra presencia e intuyendo que allí se comería bien.

A distancia observé a un señor mayor, sentado en una silla y con sombrero negro, acompañado de familiares, que no nos quitaba ojo.

Entramos en conversación con el joven que nos atendía y le pregunté por qué nos miraban tan detenidamente y con cara de pocos amigos. Nos explicó que habíamos aterrizado en el único local de toda la calle que no pertenecía a la familia que nos observaba.

—No entiendo —añadió— cómo les han dejado llegar hasta aquí.

Comimos muy bien y a un precio muy razonable. Me hice varias fotos con clientes y empleados e iniciamos el camino de regreso para coger un taxi. No habíamos recorrido treinta metros cuando una señora mayor, pero de musculosos brazos, que parecía la matriarca de la familia, me agarró con fuerza de la muñeca y me introdujo en uno de sus establecimientos. Con voz potente e indignada me espetó:

—Señor Revilla, usted es un grande de España, ¿cómo ha podido comer en un chiringuito? Aquí en mi casa han comido el príncipe, Fraga, Rajoy…

Mientras hablaba, me arrastraba hasta el interior para enseñarme el establecimiento. La de León, que también tiene buen brazo, la increpó:

—¡Suelte a mi marido! ¡Nosotros comemos donde queremos!...

Abandonamos la calle a paso veloz.

Dinero contante y sonante

Sin salir de Galicia, contaré una de las experiencias más recientes. Nunca en mi vida había cogido unos días de vacaciones. Sin consultarme, mi mujer alquiló por Internet, en julio de 2013, un apartamento para seis días en el pueblo gallego de Cangas de Morrazo, para ir con nuestra hija pequeña Lara y dos sobrinos.

Mi mujer es del Bierzo (León), pero, además de a su tierra de origen, le tiene un especial cariño a Galicia. Su padre nació en A Pontenova (Lugo) y con catorce años emigró de minero a Fabero. Murió, como tantos otros, de silicosis a los cincuenta años.

Le di una gran sorpresa y alegría cuando le dije que les acompañaba. Lo que mi mujer no sabía es que, para no aburrirme, me había organizado cuatro charlas multitudinarias en Lerín, Bueu, Cangas y La Coruña.

En el camino entre Cantabria y Cangas de Morrazo paramos en un pueblo importante de Orense para comer.

No voy a dar el nombre de la localidad ni el del restaurante para no dar pistas a Montoro, aunque sí mantuve una conversación con el propietario, advirtiéndole de la gravedad del hecho que relato a continuación.

El lugar era famoso por el pulpo extraordinario que sirven. El local estaba repleto, pero nos hicieron un hueco. Mesas rústicas, manteles de papel y trato maravilloso. Jamás he comido un pulpo más rico, acompañado por un Ribeiro de cuba. Comimos alguna cosa más y llegó el momento de pagar. Saqué mi Visa de la cartera y se la di a la señora que dirigía el establecimiento para que me cobrara. Puso cara de perplejidad y, con un acento gallego muy cerrado, me dijo que allí eso no funcionaba y que solo aceptaban dinero contante y sonante. Me quedé de piedra. Pero aún faltaba lo más curioso: hizo la factura arrancando una hoja de un pequeño bloc cuadriculado donde escuetamente ponía: 42.

Al hacer la reserva para el alquiler del apartamento en Cangas de Morrazo, mi mujer para nada había dicho que fuera mi esposa, ni por supuesto anunció mi presencia. Cuando el día 8 de julio, a las siete de la tarde, aparecimos en la recepción de los apartamentos y me vieron, se organizó un gran revuelo. La noticia se corrió como la pólvora y antes de la cena empezaron a llegar periodistas. Al día siguiente, *El Faro de Vigo* me sacaba en la portada con una gran foto en la que aparecía caminando al anochecer por el maravilloso paseo que rodea la playa de Cangas de Morrazo. Y en Facebook me encontré el siguiente mensaje:

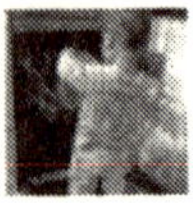

[redacted]

Buenos dias!
Si busca a alguien en Cangas que lo lleve a pescar por la ria, mi padre se ofrece, que se acaba de jubilar, y tiene la licencia de septima, para pesca de recreo.
Un saludo.
Su telefono: [redacted]

Con toda seguridad, el autor de este mensaje había leído mi libro y conocía mis aficiones. La pesca en el río, en la costa o en barco es mi *hobby* preferido. Le llamé inmediatamente y quedamos a las nueve de la mañana para tomar un café en una zona próxima al puerto. Naturalmente, le agradecí el ofrecimiento y le dije que estaba dispuesto a embarcarme con él esa misma tarde. El barquito era sencillo, pero estaba bien equipado. Se veía que dominaba las artes de la pesca: buenos aparejos, buen cebo, etc.

A las cinco, en una tarde sin viento y nublada, enfilamos, en medio de kilómetros de bateas de cultivo de mejillones, hacia las islas Cíes. Me acompañaban mi hija Lara y mis dos sobrinos, Adrián, de dieciséis años, y Gabriel, de trece, los tres también muy aficionados a la pesca. En cuanto nos acercamos a esas mágicas islas, Antonio buscó las coordenadas que nos situaban fuera del área prohibida para pescar. Cogimos fanecas, cabras y verdeles. Con un trozo de verdel y un aparejo adecuado, mi hija Lara pescó un congrio de doce kilos. Fue una jornada increíble.

Duro trabajo para el servicio de Correos

Otra consecuencia de la publicación de mi libro ha sido la avalancha de correspondencia epistolar que recibo. Me llegan cientos de cartas con anécdotas increíbles. Son cartas entrañables y llenas de cariño. Muchos me ofrecen sus modestas casas para pasar unos días con mi familia. Me resulta imposible contestarlas a todas

Una de ellas empezaba así: «No me he enamorado nunca, pero ahora me he enamorado de usted. Tengo ochenta y siete años...». Otros me dicen que mi libro ha sido su primera lectura y que ahora ya se han enganchado a seguir leyendo.

Conocedores de mis problemas de riñón, muchos me mandan soluciones mágicas para su cura. Adivinos de la escritura, me hacen radiografías sobre mi personalidad y la duración de mi vida, por no hablar de los cientos de caricaturas que he inspirado.

He podido descubrir lo bien que funciona el servicio de Correos después de recibir en el buzón de mi domicilio, en Astillero, cartas en las que solo pone «Revilla (Cantabria)». En una ocasión, en el sobre solo decía: «Señor Cartero, entregue esta carta al señor Revilla (expresidente de Castilla-La Mancha)». He llegado a recibir cartas en el restaurante La Trainera (Pedreña): «Como en el libro el señor Revilla dice que come ahí, entréguenle esta carta».

Miguel Ángel Revilla
@RevillaMiguelA

Me siguen llegando cartas curiosas . Correos funciona !! pic.twitter.com/FWQlzzDZlP

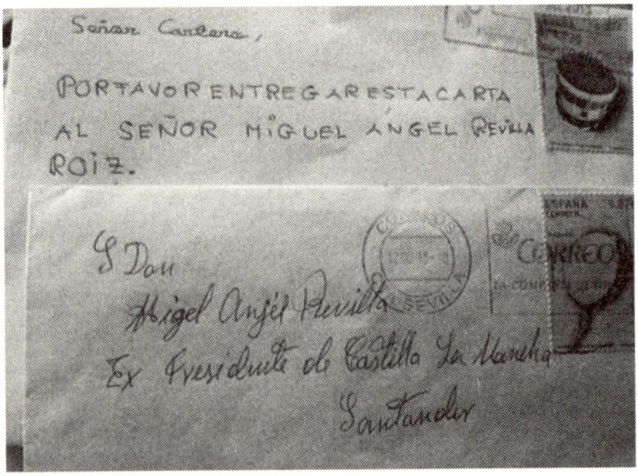

Miguel Ángel Revilla
@RevillaMiguelA

Cartas que llegan a mi buzón de Astillero. ¡Correos funciona! ow.ly/i/3ktvP

Responder Eliminar Favorito Más

Miguel Ángel Revilla
@RevillaMiguelA

Cartas como esta o parecidas me llegan todos los días. ¡Correos funciona!

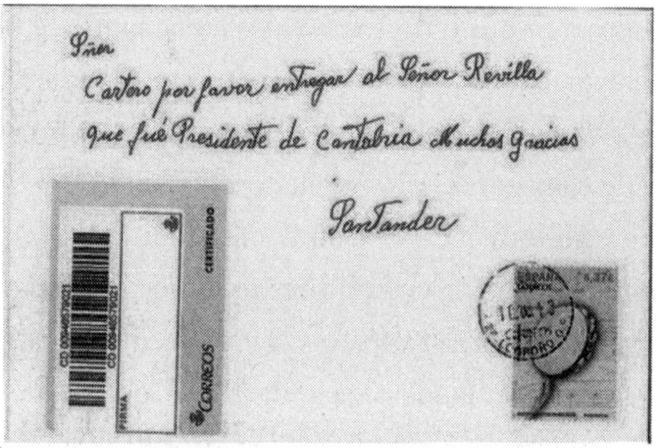

La correspondencia que recibo también tiene aspectos menos gratificantes, llegando a ser incluso angustiosa. La crisis ha provocado que muchísimas personas desesperadas recurran a mí pensando que puedo ayudarlas. El contenido de mi libro y mis intervenciones en televisión animan a mucha gente a escribirme contándome sus problemas. Y así he podido comprobar cuánta angustia aflige a tantos estafados por las preferentes, desahuciados, despedidos de sus trabajos, familias enteras en paro, personas que sufren errores judiciales y tropelías de todo tipo.

Esta es la faceta más abrumadora y que me hace sentir impotente, porque no puedo darles soluciones. La gente me ve pontificar en televisión, se identifica con lo que digo y piensa que tengo poder para solucionar sus problemas. Pero yo soy solo una gota de agua. Intento decir lo que muchos no pueden, aunque les gustaría, porque no tienen acceso a unas plataformas que, por ahora, a mí se me ofrecen.

Mi propósito es remover conciencias, explicar desde mi óptica lo que está pasando, para que cuando nos hablen pensando que somos tontos no lo seamos tanto. Sí puedo asegurar que soy una persona libre, no milito ni en el PP ni en el PSOE. No debo nada ni aspiro a lujos, porque el mayor de ellos es tener la conciencia tranquila.

Hace algo más de dos años me planteé la siguiente cuestión. En España los hombres morimos de media a los ochenta y dos años; las mujeres, a los ochenta y cuatro. La media es siempre buena para apuntarse. Como ya he cumplido setenta y un tacos, me quedan once de vida. Para mí la media sería todo un logro, teniendo en cuenta las tres operaciones de riñón que arrastro y otras patologías. Cuando llegue la hora, no podría perdonarme una respuesta negativa a la pregunta que sé que me haré: ¿pudiste hacerlo y no lo hiciste?

Desde ese momento decidí no callarme. Muchos no entienden que recorra España dando charlas y se preguntan si no estaré buscando alguna plataforma con pretensiones políticas más allá de mi querida Cantabria. El tiempo, para los que dudan, les demostrará que no.

Quiero aclarar otro aspecto que sé que genera dudas: jamás he cobrado un euro por ir a programas de televisión, dar pregones o conferencias. En algunos casos sí pido que entreguen el importe de lo que suelen pagar, que es bastante, a instituciones benéficas de mi tierra. Ellas lo saben y eso me basta.

ALGUNAS METEDURAS DE PATA

De los pregones tengo anécdotas para otro libro. Cientos de pueblos y ciudades me invitan a ser pregonero en sus fiestas. No puedo atenderlos a todos. Prefiero los pueblos pequeños a las ciudades, haciendo honor al título de mi libro anterior: *Nadie es más que nadie.*

Hace un año recibí una invitación de la Junta Vecinal de Revilla. Desconocía la existencia de una localidad con el nombre de mi apellido, más allá de las que hay en mi tierra. Está en el norte de Palencia. Para saber sobre ella, entré en Google y, además de su localización geográfica, leí que tenía seis vecinos. Sin dudarlo, contesté que aceptaba y que era un honor haber sido invitado.

Fue uno de los pregones con más público que he tenido: más de dos mil personas. Crecido, empecé mi perorata preguntando con voz de tenor:

—¿Tiene Rajoy un pueblo?

—¡NO! —fue el grito unánime.

A continuación pregunté:

—¿Tiene Revilla un pueblo?

—¡SÍ! —contestaron.

Uno de los últimos pregones lo pronuncié en Caleruega, al sur de Burgos. Allí viven unas quinientas personas, pero el pueblo tiene mucha historia. En Caleruega hay más iglesias y conventos por metro cuadrado que en el Vaticano. En el año 1100 nació allí santo Domingo de Guzmán, fundador de la Orden de los Predicadores (los dominicos).

A las 20:00 horas, la plaza, junto a una monumental iglesia, estaba atestada de público esperando mi pregón. En las escaleras de la iglesia habían colocado la megafonía. Empecé así:

—Queridos vecinos de Caleruega y otros lugares de España, es un honor estar en el lugar donde nació santo Domingo de la Calzada.

Un sonoro abucheo se escuchó en la plaza. En cuanto me di cuenta de la metedura de pata, rectifiqué con la agilidad que me caracteriza.

—¡Joder! No os pongáis así, que los dos eran santos…

Parece que hay una rivalidad muy enconada entre los devotos de los dos santo Domingo.

No llevaba cinco minutos de pregón cuando un diluvio cayó en Caleruega. Hacía meses que no caía una gota de agua. La gente, en desbandada, se refugió en la inmensa iglesia. Yo, como buen capitán de barco, fui el último en penetrar en el templo, completamente empapado. El cura —dominico, naturalmente—, al ver a la multitud que había, no desaprovechó la ocasión para dar un pequeño sermón que comenzó así: «Gracias, señor Revilla, porque nunca he tenido tanta gente en la iglesia».

En Haro, capital del vino y ciudad que me encanta visitar, me ocurrió recientemente otro hecho reseñable. Llegué a las cinco de la tarde de un precioso día de junio al hotel Arrope. Me dieron la llave y, arrastrando mi pequeña maleta de ruedas, entré en la habitación. Una pareja que se «relajaba» en la cama saltó despavorida. Precipitadamente cerré la puerta, pero pude oír con claridad que el varón decía: «¡Era Revilla!».

Comuniqué en la recepción lo que había ocurrido y me pidieron todo tipo de disculpas. Supongo que, con más razón, también se las pedirían a los que yo había alterado en sus funciones. Por la noche, paseando por la maravillosa plaza de Haro, se me acercó una pareja para decirme que ellos eran las víctimas de mi asalto. Con sentido del humor me confesaron que lo que más les había inquietado al verme es que estuvieran detrás las cámaras de Telecinco.

Tumultos y polémicas

En varias localidades de España se han organizado verdaderos tumultos para asistir a mis charlas. Algunos aforos no superaban las quinientas personas, por lo que muchas se quedaban en la calle bastante enfadadas. Por eso opté por duplicar las charlas. Con un megáfono y subido en una silla, hablaba primero a los que se quedaban fuera. Y luego a los que se encontraban dentro, haciendo honor una vez más al título de mi libro, *Nadie es más que nadie.*

En Benidorm me esperaban unas tres mil personas y en el local apenas cabían cuatrocientas. Hablé durante media hora a los que no pudieron entrar y luego a quienes estaban cómodamente sentados en la sala, tras disculparme por la demora. Lo mismo me ha ocurrido en muchos lugares a los que he ido.

El acto más polémico tuvo lugar en Guadalajara. Una entusiasta asociación juvenil, llamada Arrebol, me invitó a dar una conferencia el 11 de junio de 2013. Tenían permiso para celebrar el evento en el salón de actos del Palacio del Infantado, uno de los espacios más emblemáticos de la ciudad, propiedad de la Junta de Castilla-La Mancha. Cuando faltaban cuatro días para la charla, el Gobierno que preside la señora De Cospedal notificó a Arrebol la prohibición de utilizar dicho espacio público argumentando que el conferenciante iba a hablar de política. Cuando me comunicaron la noticia, inmediatamente publiqué el siguiente tuit:

Miguel Ángel Revilla
@RevillaMiguelA

Ponen muchas pegas institucionales a mi ponencia en Guadalajara el día 11 de junio, martes, me vetan en el salón de actos del Palacio del Infantado (Junta de C. la Mancha) porque voy a hablar de política. Los jóvenes que lo organizan (@ARREBOLARP) que sepan que soy capaz de hablar debajo de un puente.

Al final, el claustro de profesores del instituto Brianda de Mendoza, por unanimidad, decidió conceder el permiso para celebrar la conferencia en su salón de actos. El clima de polémica que se vivió en los días previos hizo que el 11 de junio hubiese en Guadalajara tal cantidad de gente que de nuevo tuve que pronunciar la charla dos veces, primero a los que se encontraban en la calle, subido en un muro, y luego en el recinto interior.

Hace muy poco he estado en Andorra (Teruel). La Asociación de Comerciantes me invitó a inaugurar unas jornadas que rememoran la presencia íbera en estas tierras y a pronunciar una conferencia. La gestión se hizo a través de mi amigo José Luis Campos, de Calamocha.

Cuando me propuso la presencia en ese lugar desconocido para mí, le puse una condición: conocer al gran jotero José Iranzo, *El pastor de Andorra.* Al ver su sorpresa anti mi exigencia, le dije a José Luis:

> Hay miles de personas que viajan a Memphis (Estados Unidos) para conocer el lugar donde nació Elvis Preysler. Del aeropuerto de Santander salen al año muchas personas en dirección a Liverpool para descubrir los lugares donde tocaban en los inicios los Beatles. Pues bien, yo quiero conocer al que para mí es el mejor jotero, del que tengo todos los discos.

José Luis me dijo que desconocía su estado de salud, ya que está a punto de cumplir noventa y nueve años. Pocos días después me llamó para decirme que me recibiría en su casa y que le hacía muchísima ilusión conocerme.

El día 8 de noviembre, a las cuatro de la tarde, me presenté en su casa. Me esperaba su esposa (noventa y nueve años) y un hijo. Le encontré con una lucidez extraordinaria y nos pasamos más de hora y media de charla inolvidable. Como hace un par de años sufrió un ictus que le afectó a la garganta, no pudo cantarme su jota más famosa, «La palomica». Al no poder complacerme el maestro, fui yo quien se la canté a él.

2
La jungla de los listos

Sin más estudios que haber ido a la escuela, un pasiego me planteó hace poco la pregunta a la que intento responder en este capítulo y que constituye el meollo de este libro. La pregunta fue larga y, como consecuencia, la respuesta, más larga aún.

—Revilla, tú que tienes más o menos mi edad y que has estudiado en la Universidad, que te tengo por persona juiciosa, ¿me podrías explicar lo que está pasando?

No terminó ahí:

—Yo tengo las mismas vacas que hace cinco años; las estaciones del año se suceden con las típicas variaciones meteorológicas; los prados, las montañas, los ríos, las casas, las carreteras siguen en su sitio. Unos han muerto y otros han nacido. Bajo a la ciudad y, sin entrar en profundidades, veo la misma fisonomía urbana. Entonces, ¿por qué nos decían hace cinco años que éramos ricos y ahora somos pobres? Que yo sepa, no hemos tenido terremotos, ni tsunamis que hayan arrasado la tierra, ni plagas bíblicas, ni afortunadamente guerras civiles, ni mundiales.

Pues bien, lo que ha ocurrido es que los empresarios se han transformado en especuladores; lo que en mi primer libro ya anunciaba como el paso de la economía real a la virtual. El capitalismo ha superado al liberalismo y se ha convertido, por mor de la globalización, en una economía de las finanzas y los mercados. La falta de controles ha puesto el mundo en manos de los que acumulan ingentes masas monetarias en paraísos fiscales.

Un ejército de listos perfectamente organizado

Ya en el siglo XIX Albert Pink, abogado y militar norteamericano, soberano gran comendador de la orden masónica, decía: «El mundo debe ser regido por un pequeño número de hombres muy inteligentes, los cuales dirigirán a otro grupo más numeroso de hombres inteligentes, quienes ejecutarán nuestras ideas sin que el pueblo sepa por qué ocurren las cosas». Doscientos años después se han cumplido sus vaticinios. Yo solo cambiaría la palabra inteligentes por listos.

Estamos viviendo una crisis provocada por los que dominan las finanzas. Es más, de la crisis salen ganando ellos, porque pueden acumular más beneficios al comprar bienes y servicios más baratos.

España es ahora un país en venta. Una ganga comprada con las garras de los fondos de inversión extranjeros. Este grupo funciona como un ejército perfectamente organizado (los muy inteligentes, en palabras de Pink, que yo llamo muy listos), con diferentes divisiones o cuerpos (a los que Pink llama inteligentes y yo listos) que actúan del siguiente modo.

El primer cuerpo del ejército lo constituyen los generadores de noticias interesadas. Pongamos que hablamos de las agencias Reuters y Bloomberg, dedicadas a difundir rumores perniciosos respecto a los países o empresas sobre los que han fijado sus objetivos lucrativos, o, a veces, al revés. Hace meses el objetivo fue España, con reportajes que resaltaban las huelgas generales y aventuraban todo tipo de desastres.

La segunda avanzadilla de este ejército la forman los medios de reconocido prestigio en el sector económico. A este grupo pertenecen la revista *The Economist* y los diarios *The Wall Street Journal* y *The Financial Times,* cuyas noticias preparan la pieza que quieren cazar. Volviendo al caso de España, recordarán la campaña que orquestaron contra nuestro país, con la colaboración de medios locales que opinan de lo divino y de lo humano en las tertulias, y publicaron reportajes sobre la búsqueda de alimentos entre las basuras de los supermercados de nuestros pueblos y ciudades.

El tercer cuerpo del ejército lo forman las agencias de *rating* Standard & Poors, Moody´s y Fitch, las cuales, una vez fijado el objetivo sobre una moneda —el euro—, una nación o una empresa, comienzan a emitir informes rebajando el nivel de solvencia de ese país, esa moneda o esa empresa. De este modo encarecen el coste del endeudamiento, con el consiguiente beneficio para los prestamistas.

Estas empresas de calificación tienen un pasado reciente salpicado por un montón de escándalos. Las tres agencias emplean a más de treinta mil trabajadores y están controladas en su accionariado por las personas más ricas del mundo, con beneficios anuales de más de mil millones de dólares.

Estas agencias han sido denunciadas por hacer informes a la carta, y no tuvieron empacho en calificar a Lehman Brothers con la máxima solvencia apenas unos meses antes de su monumental quiebra. Recientemente han calificado con la triple AAA la deuda del Reino Unido, cuando es una de las mayores del mundo, muy superior a la española. El Gobierno italiano ha llevado a estas agencias a los tribunales.

También fueron calificadas con la máxima solvencia por estas agencias empresas que han sufrido quiebras de proporciones gigantes, como es el caso de Enron en Estados Unidos o de Parmalat en Italia.

El cuarto cuerpo del ejército lo forman los bancos de negocios internacionales, como Golman Sachs, Morgan Stanley, JP Morgan, Merril Linch, Bank of America, Deutsche Bank, UBS y Credit Suisse..., más los fondos de inversión.

Estos cuatro cuerpos del ejército tienen accionistas comunes que controlan las operaciones y los beneficios. Para ello colocan a gente que ha estado en puestos clave de las distintas administraciones y órganos reguladores, como pueden ser el Banco Central Europeo, la Reserva de

Estados Unidos o el Tesoro de Inglaterra, aplicando el principio de la puerta giratoria, del que hablaré más adelante. Pasan de una orilla a otra, beneficiando siempre a sus jefes y empleadores.

Ahí tenemos como ejemplo a Mario Draghi, gobernador del Banco Central Europeo (BCE), que viene de ser director general de Golman Sachs. O nuestro ministro de Economía, Luis de Guindos, que viene de Lehman Brothers.

Esta jungla de listos actúa con total impunidad y con el apoyo de los gobernantes del mundo, que son manejados como marionetas. ¿Cómo si no puede entenderse que el G-20, donde se reúnen los veinte países más poderosos de la Tierra, no acabe con los paraísos fiscales, que acaparan el 30% de los recursos financieros del mundo, y permita a estos depredadores actuar con total opacidad y sin pagar impuestos?

El libro *Las cloacas de la economía,* de mi amigo Roberto Velasco, pone los pelos de punta en su descripción de esta mafia. Un paraíso fiscal es el mayor agravio, la mayor insolidaridad con el conjunto de la especie humana. Su mantenimiento equivale a decirle al mundo, a esa mayoría que paga impuestos para sostener los servicios públicos, que pertenece a las clases medias y bajas y que sufre problemas para llegar a fin de mes, que los ricos están al margen de esa solidaridad y que se les tolera que actúen como aves de rapiña para ser cada día más ricos porque son los que nos mandan.

Un trabajo del profesor americano James R. Hines distingue cincuenta y dos paraísos:

ÁFRICA	ASIA Y PACÍFICO	EUROPA	ORIENTE MEDIO	HEMISFERIO OCCIDENTAL
Djibouti	Filipinas	Andorra	Bahrain	Anguilla
Liberia	Guam	Campione d'Italia	Israel	Antigua
Mauricio	Hong Kong	Chipre	Líbano	Antillas Holandesas
Seychelles	Islas Cook	Gibraltar		Aruba
	Islas Marshall	Guernsey		Bahamas
	Japón	Irlanda		Barbados
	Labuan	Isla de Man		Belice
	Macao	Jersey		Bermudas
	Marianas	Liechtenstein		Costa Rica
	Micronesia	Londres		Dominica
	Nauru	Luxemburgo		Estados Unidos
	Niue	Madeira		Granada
	Samoa Occidental	Malta		Indias Occidentales
	Singapur	Mónaco		Islas Caimán
	Tahití	Países Bajos		Islas Tangier
	Tailandia	Suiza		Islas Vírgenes Británicas
	Vanuatu			Montserrat
				Panamá
				Puerto Rico

ÁFRICA	ASIA Y PACÍFICO	EUROPA	ORIENTE MEDIO	HEMISFERIO OCCIDENTAL
				San Kitts y Nevis
				San Vicente y las Granadinas
				Santa Lucía
				Turcas y Caicos
				Uruguay

Fuente: IMF.http://www.imf.org/external/np/mae/oshore/2000/eng/back.htm#table1.

Casi todos pertenecen a naciones del G-20, e incluso alguno a la Unión Europea. España no tiene ningún paraíso fiscal; tiene algo aún peor: los clientes, que se llevan sus fortunas a esos lugares. Se calcula que más de seis mil millonarios españoles tienen la pasta en estos lugares.

De todos estos territorios piratas, además de Suiza, el más conocido es la isla de Gran Caimán. Qué nombre tan apropiado. Este territorio tiene treinta mil habitantes, menos que Torrelavega, en Cantabria. Allí tienen su sede quinientos cuarenta y cuatro bancos, setenta fondos de inversión y treinta mil compañías flotantes. Se trata, ni más ni menos, del quinto centro financiero del mundo.

A los paraísos fiscales enumerados hay que añadir los llamados centros *offshore,* que significa «fuera de las aguas territoriales». Una especie de islas pirata. En estos lugares se refugian no solo los dineros de la especulación, sino también los procedentes de la prostitución, el tráfico de drogas e incluso de la financiación del terrorismo. Algunos estudios estiman que desde los paraísos fiscales y centros *offshore* se mueven del orden de setenta y dos billones de dólares. Es decir, sesenta veces el presupuesto de España.

Los dueños de toda esa masa monetaria —muy pocos comparados con los siete mil millones de personas que poblamos el planeta— son los que manejan el mundo a su antojo. Desestabilizan mercados, monedas y países, y provocan crisis de las que siempre salen con más dinero. Nada mejor que un ejemplo para conocer cómo actúan y ponen en marcha los cuatro cuerpos del ejército a los que antes me refería: los generadores de noticias, los medios de reconocido prestigio, las agencias de *rating* y los bancos internacionales de negocios.

En el caso que voy a relatar a continuación, siempre supuestamente, utilizaron el primer cuerpo, los generadores de noticias.

Mario Draghi es una persona que no nos llamaría la atención por su aspecto en una reunión de la comunidad de vecinos. No tiene ningún rasgo especial. No es ni alto, ni bajo, ni calvo, ni con mucho pelo. No tiene barba ni bigote. Podría pasar por dependiente de trajes y corbatas de un gran centro comercial o por vendedor de bisutería al por mayor. Pero es un hombre poderosísimo. Aunque no es un genio como Martin Cooper, inventor del móvil, o Alexander Fleming, descubridor de la penicilina. Él se ha movido en el mundo del papel moneda. En su currículum figura que fue director general de Goldman Sachs, el banco que adulteró las cuentas de Grecia.

Su inmenso poder radica en que es el gobernador del Banco Central Europeo, la reserva de esos papeles timbrados llamados euros. Con este preámbulo aclaratorio, publiqué para mis seguidores de Facebook y Twitter el artículo que reproduzco:

No fue así, pero pudo ser así

El 26 de julio de 2012, el baranda que maneja la pasta del Banco Central Europeo, don Mario Draghi, hizo un intencionado comentario ante el mundo mundial: «Haré todo lo necesario para preservar el euro y será suficiente». Al día siguiente, la Bolsa española y todas las europeas empezaron a subir frenéticamente y así se mantuvieron durante toda una semana. La española acumuló un crecimiento del 16% y las europeas, un 10%.

El señor Draghi pudo o puede tener un amigo muy poderoso conectado a grandes fondos de inversión que manejan ingentes cantidades de dinero procedentes del petróleo, la droga, los jubilados nórdicos, la mafia rusa y hasta de honrados gremios de ahorradores. La víspera de ese 26 de julio, Dragui podría haber llamado —Revilla, ten cuidado con la semántica— al amigo íntimo que a lo mejor sigue en Goldman Sachs o Lehman Brothers, donde trabajaba De Guindos. La conversación no necesitaba de mucho tiempo y simplemente se trataba de una palabra breve, seca, lacónica, que iba a salir de la boca de Draghi: COMPRA.

Y compraron en masa y en todos los mercados del orbe. En cinco días la Bolsa española se revalorizó en 45.000 millones de euros y el conjunto de las Bolsas europeas en esa cifra multiplicada por 10. Es decir 450.000 millones de euros.

El baranda de Draghi había anunciado que concretaría las medidas a tomar un jueves a las 14:30 horas. *Urbi et orbi.* Expectación mundial. Pero el miércoles por la noche Draghi pudo llamar —ya sé que es ficción— a su amigo del alma. La conversación no tenía por qué ser más larga que la anterior. Solo una palabra clave: VENDE. Tenía que vender porque Draghi no iba a decir nada aquel jueves. Parodiando al gran cómico español José Mota, vino a decir: ¡Mañana!

En las horas siguientes a las 14:30 horas, la Bolsa española perdió quince mil millones de euros, y en esa línea, las europeas. La jungla de los listos había hecho en cuatro días fortunas incalculables sin pegar un palo al agua.

Reproduzco el gráfico que muestra lo que ocurrió en esos seis días en la Bolsa española. Primero, una aparatosa subida entre el 15 y el 20%.

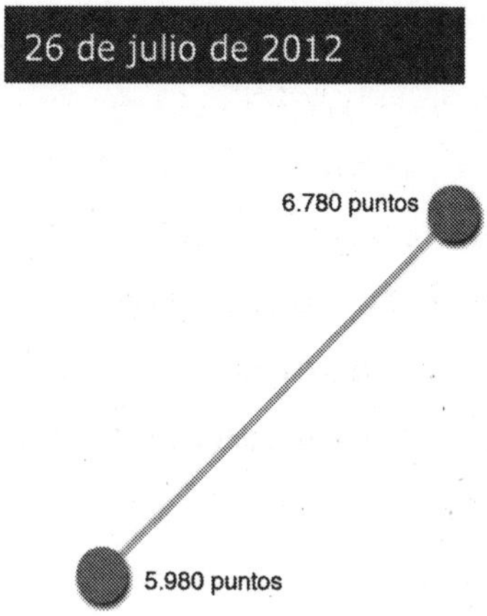

El 2 de agosto, ante las nuevas y decepcionantes palabras de Draghi, ocurrió el efecto contrario, y en apenas veinticuatro horas.

Si hubo alguien al tanto de lo que iba a ocurrir, seguro que ganó ingentes sumas de dinero.

Vivimos en un mundo de depredadores

Hay más ejemplos de cómo actúa la jungla de los listos para acumular beneficios. En ocasiones, manejando a los peones que tienen colocados en los centros estratégicos donde se dictan leyes y normas.

En la Bolsa hay unos personajes a los que se conoce como «cortos». Son inversores de la jungla de los listos cuyo objetivo es ganar dinero previendo caídas de ciertos valores. Para ello toman prestadas acciones a un tipo de interés de entre el 5 y el 10% y las venden automáticamente. Confían en que el valor caiga de precio, para después recomprarlas, con una ganancia sustancial, antes de devolverlas a sus propietarios.

No habría nada que objetar si no fuera porque el ejército organizado entra en acción para provocar, artificialmente, la caída en Bolsa de los valores de un país o de determinados valores. Para ello se ponen en marcha noticias y rumores que dañan la imagen de la nación, del sector económico o de la empresa objetivo. Empiezan la operación las agencias Reuters y Bloomberg, que a continuación alcanzan eco en los medios *sancta sanctorum* de la economía occidental: *The Wall Street Journal* y *The Financial Times.* Los rumores son a su vez amplificados y magnificados por las agencias de *rating,* que contribuyen a la caída brusca de todos o de alguno de los valores en Bolsa. Y todo esto ocurre sin que el país o la empresa objetivo estén mejor o peor que antes de la campaña. Para llevar a cabo toda esta operación de altos vuelos son precisos elementos de la puerta giratoria (como digo, hablaremos de ella) colocados en los lugares adecuados.

Estas operaciones especulativas estuvieron prohibidas durante un tiempo. Pero llegó el 15 de febrero de 2012 y, sorprendentemente, nuestras autoridades monetarias resucitaron las operaciones a corto. Seguro que sabiendo la jungla de los listos que se iba a tomar esta media, y previo desprestigio durante un mes de España, ocurrió lo que relato a continuación.

Desde ese 15 de febrero de 2012 y hasta el 3 de abril, en poco más de cuarenta días, treinta y seis empresas de la Bolsa española pasaron de valer 417.000 millones de euros a 374.000 millones, con una pérdida de 43.000 millones. Los cálculos de los expertos cifran el beneficio neto de fondos de inversión situados en paraísos fiscales en aproximadamente el 40% de ese quebranto. Es decir, unos 17.000 millones de euros.

Suponiendo que la Bolsa española está formada en un 50% por inversores españoles y otro 50% por extranjeros, el daño causado en cuarenta y ocho días a nuestros compatriotas sería de 21.500 millones, algo más del 1,5% del Producto Interior Bruto de España. ¿Cómo es posible que nuestras autoridades monetarias, con Luis de Guindos a la cabeza, autorizaran semejante medida? ¿Son nuestros dirigentes tontos o eslabones de la cooperación necesaria en la jungla de los listos?

No hace falta ser más explícito apelando al sentido común.

Pero la operación no terminó ahí. Una vez originado el destrozo, y tras embolsarse los especuladores unos diecisiete mil millones, volvieron a actuar rápidamente sobre los actores de la puerta giratoria. El 23 de junio de 2012 las mismas autoridades monetarias que el 2 de febrero habían autorizado la actuación de los cortos la prohibieron, lo cual originó una importante subida en la Bolsa.

Siguiendo con este sistema de autorizo-prohíbo, el 29 de enero de 2013 volvieron a permitir los cortos, con la consiguiente escabechina inmediata de treinta y seis mil millones en el valor de las principales acciones de la Bolsa española.

Así funciona ese mundo de depredadores. Para ellos no hay crisis. Es más, son ellos quienes provocan las crisis para enriquecerse aún más. Para este fin tienen colocados a los peones secundarios en puestos clave, dispuestos a adoptar decisiones en su beneficio. Hecho el trabajo, nunca los dejan tirados. Estos peones no llegan a disfrutar nunca de la riqueza de los grandes depredadores, pero siempre tienen garantizado un retiro de lujo. En la jungla real, primero comen los leones, pero siempre quedan despojos para hienas, chacales y buitres.

Y el pueblo llano, perplejo, sin comprender lo que pasa.

Este es el sistema donde nos han colocado. Ya no es capitalismo, ni liberalismo, ni fascismo... Es, llana y simplemente, rapiña.

Y, mientras tanto, el pueblo, amedrentado, con el agua al cuello para llegar a fin de mes: ganaderos que trabajan de sol a sol para recibir 0,28 euros por litro de leche; productores de patatas que hacen lo mismo para conseguir 0,15 por un kilo de este tubérculo; «privilegiados» mineros a los que ya no dejan extraer carbón y pequeños empresarios que luchan cada día para pagar las nóminas a los trabajadores mientras los bancos les cierran las puertas.

España tiene casi el 25% de sus habitantes en el umbral de la pobreza. Sin embargo, en 2013 aumentó un 6% el número de millonarios españoles.

Pero esta jungla de listos no se conforma con hacer subir y bajar la Bolsa y desestabilizar monedas o países, sino que también especulan con los alimentos. La agricultura ya no depende solo de las cosechas buenas o malas en función de las condiciones climáticas. Depende de los operadores financieros de Nueva York, Londres o Chicago, que compran «futuros» sobre el maíz, el trigo, la soja o el azúcar. Los grandes capitales han puesto sus ojos en lo más básico del ser humano: la comida.

La escalada de los precios de los alimentos está muy ligada al acaparamiento por los especuladores de cosechas enteras en muchos países. Solo tres multinacionales americanas, Archer Daniels, Bunge y Cargill, que comercializan materias primas agrícolas, ganaron en 2011 la friolera de ocho mil millones de dólares.

Lo dramático viene después. Por ejemplo, la espectacular subida de los precios en 2008 empujó a la pobreza a cien millones de personas, según datos del Banco Mundial.

Es la economía de los piratas de cuello duro. Esos especuladores, que gozan de inmunidad y de leyes propicias, con la connivencia de muchos gobernantes, se ríen de los que crean riqueza real, tienen empleados, arriesgan y pagan impuestos.

3

Actores secundarios de la jungla de los listos: Bárcenas y Urdangarin

El sistema económico sin controles en el que vivimos es caldo de cultivo para que afloren los listos de segundo rango. Aquellos personajes que, trasladados a la jungla animal, no son el león, que está en la cúspide depredadora. Hablo de los que se alimentan de las sobras de los otros: hienas, buitres leonados, chacales... A esta especie pertenece un sinfín de oportunistas. Con sus nombres podríamos llenar una guía de teléfonos, pero me voy a centrar en el caso de dos individuos que, por su notoriedad mediática, conocemos todos: Luis Bárcenas e Iñaki Urdangarin.

En los primeros días de febrero de 2009 saltó a los medios de comunicación el llamado caso Gürtell. Un tal Correa y otro individuo apodado «el Bigotes» fueron imputados como cabecillas de una red corrupta que operaba en Madrid, Valencia y Castilla y León.

Eran conseguidores de obra pública y otros servicios, a los que accedían —presuntamente— sobornando a políticos del Partido Popular. Hay una grabación realizada al señor Correa por un concejal de Madrid, el señor Peña, en la que durante horas se describen con detalle las actividades mafiosas. En esas conversaciones aparecen nombres de alcaldes, concejales, diputados autonómicos y nacionales. Incluyen un jugoso fragmento referido a L. B., o «Luis el cabrón», a quien Correa confiesa haber llevado en billetes, tanto a su casa como a su despacho de la sede nacional del PP en la calle Génova, más de mil millones de las antiguas pesetas.

Todo ese material cayó en manos del juez Garzón, que inició la imputación de todos ellos.

Paralelamente, la Policía Judicial había informado de la existencia de un gran patrimonio inmobiliario del matrimonio Bárcenas en Madrid, Baqueira Beret y Marbella. Se supo que una parte del lujoso chalet de la estación invernal se había pagado previo ingreso en una oficina de Caja Madrid de quinientos mil euros en efectivo y en billetes de quinientos, cuya justificación fue la venta de unos cuadros.

En la biografía oficial de Bárcenas aparece como senador por Cantabria. Pronto empezaron a llamarme los medios de comunicación para preguntarme por él. En aquel momento no tenía mucha idea de quién era el senador por Cantabria apellidado Bárcenas. Jamás le había visto el pelo, pese a ser yo el presidente de la comunidad autónoma. Contrariamente a lo que pueda parecer, nada extraño habida cuenta del nulo papel que tiene la institución del Senado.

Luego pude comprobar que no solo era senador por Cantabria, sino también el más votado de la historia. Sin ser cántabro y sin apenas haber acudido a la región. Sus méritos habían sido aparecer el primero de la lista en la papeleta por apellidarse Bárcenas, llevar encima una gaviota y haber «engrasado» su campaña con un autoenvío de más de doscientos mil euros que él mismo anotó en su libreta B.

A finales de febrero de 2009 me entrevistó sobre este asunto Jordi González en el programa *La Noria*. Sin conocer aún que el pollo tenía cuarenta y cuatro millones de euros en Suiza, ya dije que era algo más que un presunto corrupto. Había un dato definitivo: nadie transporta quinientos mil euros en billetes de quinientos si no son dinero negro.

Recuerdo que dije que en mi tierra ya ni los pasiegos iban a la feria con dinero en efectivo. Jordi me apostilló que Bárcenas lo había justificado como el producto de una venta de cuadros de su santa esposa, a lo que yo respondí:

—¡No me vendas ese cuadro!

El tiempo demostró que la explicación del origen de esa pasta no tenía justificación, salvo la procedencia de «mordidas». Pero en Cantabria, el PP organizó una gran campaña contra mi persona, acusándome de desprestigiar a un hombre honorable. A punto estuvieron de llevarme a los tribunales.

El actual presidente de Cantabria consiguió en la prensa local el siguiente titular: «Bárcenas ha hecho mucho más por Cantabria en seis años que Revilla en toda su vida». ¡Manda huevos!, que diría Trillo.

Y por fin conozco a Bárcenas

Pocos días después de mi intervención en *La Noria* —era el mes de marzo—, se produjo mi primer y único encuentro con Bárcenas.

Estaba en el aeropuerto de Barajas, esperando un vuelo de vuelta a Santander. Me hacía fotos con unos escolares que viajaban a Mallorca. A cierta distancia, un señor elegantísimo de más de 1,84 metros de altura, muy delgado, se paró delante del grupo donde me encontraba y me dijo: «Señor Revilla, por favor...», mientras hacía un gesto con el dedo para que me acercase.

Le pedí que esperara un momento. Sinceramente, no le había reconocido. Incluso llegué a pensar que podía tratarse de otro admirador que quería fotografiarse conmigo. Después de despedirme de los escolares, me acerqué a él. Me dijo con voz potente y enérgica:

—Soy Luis Bárcenas.

—¡No! —contesté.

Metió la mano en la cartera y me enseñó el DNI. En las fotos que yo había visto parecía mucho más gordo que aquel personaje fino como un junco que tenía delante de mí.

—Perdone, pero es que en las fotos aparece más gordo —le espeté.

—Es que he adelgazado mucho —dijo.

Poco a poco, como el tono de voz era alto, comenzó a congregarse gente a nuestro alrededor. Y, de pronto, poniéndome el dedo en el pecho y dedicándome una mirada inquisitorial, me dijo con tono de tenor:

—Está usted haciendo juicios temerarios sobre mi persona.

Respiré profundamente y, con voz no menos potente que la de él, repliqué:

—Yo soy Teresa de Calcuta. ¿No le da vergüenza que el presidente de Cantabria, después de seis años, conozca a un senador de su tierra en estas circunstancias?

En ese momento yo no solo hablaba a Bárcenas, sino a los que nos rodeaban.

—Es usted, además de un presunto corrupto, un caradura que...

No pude terminar lo que tenía pensado, porque salió huyendo a paso ligero. Entonces Bárcenas no era tan conocido y tuve que explicar de quién se trataba a los que habían presenciado el incidente.

Meses después, y ya apartado el juez Baltasar Garzón del caso y de la justicia, un venerable juez apellidado Pedreira continuaba la investigación. Este juez, a quien todos recordarán con una chaqueta azul de botones dorados, grueso y encorvado a causa de una enfermedad degenerativa, se mostró firme al principio y siguió tirando del ovillo que había iniciado Garzón. La operación de acoso que sufrió por parte del entorno del PP sería un guion maravilloso para algún director de prestigio, como Coppola o Tarantino.

El Partido Popular inició una operación para tapar el caso Gürtell y encargó tal misión a Federico Trillo. El actual embajador en el Reino Unido había sido ministro de Justicia y tenía grandes contactos en el mundo de los fiscales y los jueces. Además, este personaje había sido clave como miembro del gabinete jurídico del PP en la nulidad del proceso abierto por financiación ilegal de su partido en el conocido caso Naseiro.

Como relata espléndidamente Ernesto Ekaizer en su libro *El caso Bárcenas,* llegaron a utilizar incluso al cura confesor del juez. Y por fin el juez Pedreira dobló aún más la cabeza y, para sorpresa general, declaró sobreseído el caso. Resumiendo, no hay caso Bárcenas.

El PP de Cantabria convocó en aquel momento una rueda de prensa y exigió una comparecencia pública de Revilla para pedir perdón por haber difamado a una persona «honrada y honorable». Naturalmente, no lo hice, pero me dieron hasta en el cielo de la boca.

Todos cantaban victoria en la sede del PP. Las gaviotas volaban más azules que nunca. Trillo, Arenas, González Pons, el mismo Mariano Rajoy se paseaban por radios y televisiones denunciando la cacería a la que habían sometido a un ser ejemplar. Pero... no todo estaba atado y bien atado.

Las fiscales incorruptibles del caso apelaron a la Audiencia Provincial de Madrid. El suplicatorio del juez Garzón a la Banca suiza dio sus frutos y llegó la gran sorpresa: el «hombre emprendedor» acumula una fortuna en Suiza superior a cuarenta millones de euros. La estrategia de Trillo había fracasado.

La bola comenzó a rodar y ya era imposible detenerla. Lo que ha pasado después lo conocen perfectamente quienes me están leyendo, por lo que quiero exponer mi punto de vista sobre lo ocurrido. ¿Qué puede pasar para que alguien con un sueldo —muy alto, eso sí— acumule una fortuna de ese calibre?

Todo tiene su origen en la financiación de las campañas electorales de los partidos políticos. Son un frenesí: vallas, anuncios en televisión y radio, fiestas con cantantes de moda, canapés, globos y hasta cohetes. Todo para llamar la atención del votante. Y eso vale mucha pasta.

Existen muchos modelos diferentes para financiar a los partidos en esa lucha por el poder. En Estados Unidos no tienen pudor en recabar sin límite aportaciones nominativas de personas y empresas; incluso se jactan de las cifras que recaudan y de los «peces gordos» que aportan cantidades astronómicas. La mentalidad americana es complaciente con el sistema hasta tal punto que la mejor encuesta para saber quién va a ganar las elecciones a la presidencia la aporta el dinero recaudado por los candidatos. Siempre gana el que más ha recaudado. Y la cosa tiene su lógica, porque los «altruistas donantes» apuestan a caballo ganador. Ya vendrá luego la recompensa por los servicios prestados.

En España el sistema es otro y, en principio, menos sospechoso. La financiación es pública y solo se admiten donaciones inferiores a sesenta mil euros con la condición de que el donante no tenga negocios o empresas que dependan de la Administración. Hasta aquí todo correcto. Pero es papel mojado.

La vorágine de gastos de las campañas electorales hace que algunos partidos tiren la casa por la ventana. Hace falta más dinero. Y los empresarios que atisban con las encuestas en la mano que un partido va a ganar hacen cola para colgarse medallas. No son ONG que aportan en función de los valores que defiende el partido de turno. Dan para luego, llegado el momento, aparecer en el cuadro de honor de los beneficiarios. Y la figura clave en esta tramoya es el tesorero.

El papel del tesorero «emprendedor»

En esta tesitura voy a relatar lo que yo pienso que ocurrió para que Luis Bárcenas acumulase una fortuna que algunos calculan superior a los noventa millones de euros. Naturalmente, son suposiciones mías y los hechos pueden haber ocurrido de otra manera. Pronto comprenderán por qué hago esta advertencia.

Hay una tradición constatable: todos los tesoreros del Partido Popular están forrados e imputados. Por algo será.

Primera opinión personal: los famosos «papeles de Bárcenas» no son ni el 5% de los reales. Una razón de peso: si en esos papeles aparecen como donaciones de personas y empresas ocho millones de euros, no puedes haber trincado cuarenta y cuatro millones en comisiones. El dinero que ha llegado al PP en sus años de gobierno, en forma de donativos, puede haber sido de escándalo.

Imagino los primeros años de un joven gerente llegado de provincias que ve pasar por delante de sus ojos ese río de dinero. Al principio lo observa con curiosidad y expectación. Más tarde, con ojos de oso goloso.

Para caer en la tentación es muy importante la escala personal de valores, lo que hace feliz a cada uno. Hay personas que encuentran la felicidad en una familia unida. Hay quienes son felices teniendo lo necesario para vivir dignamente, sin tener enfermedades, con un grupo de amigos de gustos similares... Eso no es caro. Pero hay a quienes les va el lujo. Y lo que hemos conocido del matrimonio Bárcenas-Iglesias encaja en este prototipo. Un *casoplón* en el barrio de Salamanca de doscientos sesenta metros cuadrados que no conocemos por dentro, pero las televisiones nos ofrecen a diario el portal y las escaleras para que veamos que no es un piso de protección oficial.

Hay familias que son más de playa que de montaña, o al revés. A esta parece que le van las dos cosas. En verano, mansión en la milla de oro de Marbella, valorada en 1,2 millones de euros. Y en invierno, chalet en Baqueira Beret del mismo importe. Playa y nieve, un complemento perfecto.

Por si no fueran suficientes signos externos de opulencia, los Bárcenas-Iglesias son aficionados a hoteles de cinco estrellas y a restaurantes de la *Guía Michelín,* donde está prohibido el menú popular. El sibaritismo ha llevado al «emprendedor» Bárcenas a alquilar helicópteros que cobran diez mil euros por llevarte a la cima de una montaña para deslizarte luego en los esquíes. Subir siempre es más jodido.

Se ve a distancia que la ropa que llevan no ha sido comprada ni en el rastrillo ni en las rebajas.

Es importante saber todo esto para entender lo que pudo haber ocurrido. La ambición que anidaba en el alma del «emprendedor» le llevó a plantearse una reflexión. ¡Ya está bien de ver pasar ese río de dinero sin echar un traguito! Supuestamente, primero serían cantidades modestas, hasta llegar a tasar el peaje afanado en un 10%.

La escala de necesidades le llevó no solo a acumular un gran patrimonio en España. Cuando se llega a esos niveles, se plantea la diversificación. Tenemos mucho, comentaría un día el matrimonio, pero hay que ponerse en todas las hipótesis posibles. España siempre ha sido un país de vaivenes. No hay rico que no tenga huevos en otras cestas, por si acaso.

Los Bárcenas no podían ser menos e iniciaron el peregrinaje a Suiza, lugar tan venerado para las oligarquías de nuestro país como Lourdes para los beatos. Aquello era un ir y venir con fajos de billetes. El «emprendedor» estaba ya tan mimetizado con las calles donde están los grandes bancos que era un suizo más. Todo iba viento en popa. Pero —a veces hay un «pero»— apareció un justiciero de nombre Baltasar Garzón.

El gran fallo de todo este culebrón es la lentitud de la justicia, a la que me referiré en otro capítulo.

Desde el mes de febrero de 2009 ha habido tiempo suficiente para destruir pruebas y evaporar el dinero. Lo primero que se tenía que haber hecho es registrar el domicilio del matrimonio y su despacho en la calle Génova, amén de bloquear todas sus cuentas. Ahora no hay ni discos duros ni dinero.

En Estados Unidos, un caso como este se habría ventilado en menos de un año. Recuérdese el caso Madoff, el *broker* que organizó una estafa piramidal creando un agujero de cincuenta mil millones de dólares. A los seis meses se celebró el juicio y el estafador fue condenado a cadena perpetua, sin posibles atenuantes que puedan permitirle volver a pisar la calle.

¿Cuándo habrá juicio y condena en el caso Bárcenas? El asunto lleva seis años rodando... En España es demasiado frecuente que los delitos prescriban antes de que se convoquen los juicios.

Urdangarin, el yerno. La ambición de un exjugador de balonmano

La ambición es una virtud y un defecto. Intentar superarse, perfeccionarse en lo que uno hace sin pisar cuellos ni dar codazos es absolutamente plausible. La evolución de la humanidad es una cadena de seres que descubrieron mundos, medicinas, inventos tecnológicos... En suma, consiguieron hacer más soportable la vida de sus semejantes. Y cabe suponer que en ese esfuerzo consiguieron también satisfacer sus ilusiones personales.

Pero hay otra ambición nociva: la de aquellos que tienen como meta el enriquecimiento a cualquier precio, sin escrúpulos, valiéndose de su condición social. Esta ambición deriva en avaricia. Y a mi juicio, Urdangarin pertenece a esta segunda categoría.

Cuando un gran jugador de balonmano, dotado de buena percha, se casa con la hija del rey, supongo que se plantea en la familia, no solo en el matrimonio, una reconversión acorde con el tronío de ese emparejamiento. A esos niveles ya no es suficiente que las grandes empresas del país te recojan para que puedas llegar a fin de mes sin agobios. Aunque Telefónica y La Caixa de Cataluña se encargaron de ese cometido.

Teléfonica aportaba al exjugador de balonmano casi tres millones de euros al año entre sueldo, vivienda y otros gastos. Doña Cristina recibía otro sueldazo de La Caixa. Tenían el tema económico más que resuelto. Pero no era suficiente. El empaque de este matrimonio exigía unos signos externos concordantes con el abolengo de la infanta y el duque. Esta gente no puede vivir en cualquier sitio. Y decidieron comprar un palacete en Pedralbes, valorado en nueve millones de euros. Ya se había conseguido una garantía económica y el habitáculo lujoso que diese lustre a la pareja y sus descendientes. Pero no era suficiente.

En esos niveles sociales en los que se mueven millonarios, aristócratas y aprovechados seguro que llegaron a oídos del duque y de la infanta comentarios sobre el escaso bagaje intelectual del consorte. Haber sido un gran jugador de balonmano y tener un tipo de película no lograba evitar que se comentase que estábamos ante un braguetazo de libro. Había que iniciar otra operación: darle un título académico al deportista. Una tarjeta de visita sin más mérito que el de duque consorte y exjugador de balonmano era escaso currículum. Seguro que sobraron los asesoramientos y alguien debió de indicar que el lugar donde el duque podía adquirir, además de nobleza, un poco de ciencia era la Escuela de Administración de Empresas ESADE, ubicada en Barcelona.

Regentada por los jesuitas, el propósito de esta escuela, tal y como consta en su reglamento, no es solo formar buenos economistas, sino, sobre todo, buenas personas de ética intachable. Siempre hay excepciones.

Uno de los profesores más prestigiosos de esta escuela de negocios era Diego Torres. Un gran libro escrito por Eduardo Indra cuenta que, ya en la escuela, Torres comentaba a sus compañeros que de mayor quería ser rico.

La llegada del alumno a ESADE y su contacto con el profesor Torres provocaron un flechazo entre ambos, y no precisamente amoroso. Se juntaron el hambre con las ganas de comer. Me imagino esa fatal atracción más o menos así:

Al acabar una de las clases, el profesor Torres —en el relato, «el listo ambicioso»— recaba la presencia en su despacho de tan ilustre alumno, el «avaricioso ambicioso». En este momento ya ha notado el profesor listo la obnubilación del alumno ante sus explicaciones sobre cómo ganar dinero con los negocios. Ya en el despacho, intuyo que el primer día hablarían de la familia y las aficiones respectivas. Como en las relaciones de pareja, no es conveniente ir de entrada al grano. Hay que dar tiempo para conocerse y caerse bien antes de abordar eso que ya bullía en la mente de ambos: complementar sus aptitudes para lograr colmar sus ambiciones.

El profe listo ve en el alumno lo que a él le falta, sociedad: la puerta al mundo donde se mueve la riqueza real, más allá de los libros de texto. Quiere llevar a la práctica sus conocimientos. El alumno ambicioso-avaricioso ve en el profe el pozo de sabiduría que a él le falta. Y pasado un tiempo de mutuo conocimiento, que no creo que fuera muy largo, la pareja tiene las cosas claras. En esos trances siempre hay uno que da el primer paso. Y yo creo que quien tomó la iniciativa en este caso fue el profesor.

Como ya llevan un tiempo compartiendo aficiones e ilusiones, la propuesta del profesor listo al duque ávido de pasta puede ser clara y poco académica:

—Señor, entre lo que yo sé y las puertas que usted puede abrirme, podemos montar un tinglado para forrarnos.

El cerebro creó una empresa llamada Instituto Nóos. El objeto social era ambicioso: asociación científica con la misión de promover la investigación sobre la gestión del mecenazgo, responsabilidad social y patrocinio. Un cajón de sastre donde cabe todo. Eso sí, sin ánimo de lucro. Vamos, lo que en el argot del toco-mocho se denomina un timo de guante blanco.

Seguramente el yerno le explicó al rey que quería tener una actividad empresarial que, al tiempo que le reportaba unos ingresos, era beneficiosa para el interés general. Le solicitaría su mediación para abrirse puertas en instituciones y empresas. ¿Quién se niega a echarle una mano a un yerno? Estoy seguro de que el monarca desconocía el *modus operandi* de la pareja Urdangarin-Torres.

Y así empezaron a sablear a instituciones y empresas. No cabe duda de que las llamadas del yerno del rey harían pensar a muchos que el monarca estaba detrás.

Es posible que al principio la pareja Urdangarin-Torres pretendiera hacer informes con algo de contenido. Pero pronto se dieron cuenta de que los que picaban lo hacían convencidos, para no desairar a la familia real. Entonces se lanzaron a sablearlos sin ningún rubor. Fueron captando comunidades autónomas (Valencia, Baleares), ayuntamientos, empresas e incluso equipos de fútbol. Resultan significativas las facturas emitidas al Villareal —690.000 euros— por unos folios titulados «Valoración del impacto comercial y publicitario del campo del Madrigal». Al parecer, el presidente supo desde el principio que era una estafa, pero ordenó pagarla por tratarse del yerno del rey.

Al Ayuntamiento de Madrid le soplaron ciento veinte mil euros por un trabajo sobre la capital como sede olímpica que prácticamente se limitaba a la lista de los miembros del Comité Olímpico Internacional.

Según cálculos de la Fiscalía Anticorrupción, las parejas Urdangarin-infanta y Torres-señora facturaron más de veinte millones de euros, y los costes no llegaron a los cinco millones. Es decir, se embolsaron quince millones de euros, lo que no está nada mal para tratarse de una ONG sin ánimo de lucro.

Parece claro que la vorágine recaudadora de la pareja Duque-Torres estuvo influida por los costosos gastos de amortización del palacete de Pedralbes.

Hay un documento televisivo inolvidable, en una entrevista del gran Jordi Évole al expresidente de Baleares Jaume Matas, en la que aparece el siguiente intercambio de ideas. Pregunta Évole:

—¿Pero usted pagó por un trabajo millones de euros sin comprobar si los valía y sin licitación pública?

—Pues claro, era el duque de Palma.

Supongo que así actuaron todos. Casi nadie dijo no, por si acaso.

He podido comprobar que el caso Urdangarin es uno de los que genera mayor indignación popular, y no es para menos. Puede entenderse que en el mundillo de los negocios y las finanzas proliferen los piratas. Se puede entender a quien roba para comer. Pero Urdangarin y la infanta forman parte de la familia real. Tienen un estatus económico privilegiado y viven rodeados de lujos. Por tanto, la suya es la historia de una avaricia sin precedentes. Y los ciudadanos saben que toda esta acaparación de dinero sería imposible si no fueran el yerno y la hija del rey.

También causan perplejidad los intentos por exculpar a la infanta, incluso a costa de una imagen machista que la presenta como mujer que no se entera de nada, pese a disfrutar de un aumento desmesurado de su patrimonio. La mayoría de los españoles exige que haya un castigo ejemplar. Y en el caso de confirmarse los hechos que se le imputan, no puede ser otro que el ingreso en la cárcel.

Nosotros también somos culpables

La tendencia a echar la culpa a los demás es bastante habitual entre los españoles, pero sería saludable hacer una reflexión sobre nuestro comportamiento ante determinadas circunstancias.

Ya he comentado que Bárcenas fue el político más votado en la historia de Cantabria durante dos legislaturas, pese a no ser de Cantabria ni conocerlo entonces los cántabros. Hoy nadie recuerda haberle votado.

Un caso como este es imposible que se dé en Estados Unidos, Reino Unido o Alemania. ¿Alguien imagina a un senador por Minnesota que ganase el escaño sin conocer ese Estado ni haber demostrado interés por sus habitantes? Por supuesto que no. Es más, en esas circunstancias ningún americano tendría siquiera el valor de postularse para el cargo.

Los diputados británicos se eligen en listas abiertas por distritos. Conocen a los vecinos, al panadero, al cartero..., hablan con ellos, los visitan de vez en cuando. Aquí se vota a la gaviota o al puño y la rosa. Da lo mismo que bajo ese anagrama vayan Bárcenas o Urdangarin.

Decía un filósofo griego cinco siglos antes de Jesucristo que el hombre es la medida de todas las cosas. Entonces, ¿cómo es posible que se vote a alguien sin conocerle? Porque estamos ante la dictadura de la partitocracia, consagrada en las listas cerradas.

Yo conozco a gente honorable en la izquierda y en la derecha. Por encima de adscripciones ideológicas están las personas y sus trayectorias. Luego viene el desencanto, cuando las personas fallan.

La lista abierta obliga al político a ganarse la elección con su trabajo, no peloteando a la cúpula del partido para blindarse en una lista cerrada. ¿Qué méritos llevaron a Bárcenas a encabezar la candidatura al Senado por Cantabria? ¿Conocer el territorio? ¿Haber defendido o siquiera pronunciado alguna vez el nombre de Cantabria? Pues no. Su mérito, supuestamente, fue nutrir de pasta las arcas del PP y, ya de paso, las propias.

Votamos a ciegas y eso suele tener consecuencias nefastas, además de animar a los partidos a poner en sus papeletas a cualquier impresentable.

Otro gran fallo de los españoles es su escala de prioridades. La mayoría de los países desarrollados sienten orgullo por ser pioneros en investigación y desarrollo, contar con un gran sistema educativo, una elevada renta *per cápita* adecuadamente repartida. En una encuesta reciente, los niños de Sanghai mostraban su predilección por la ciencia y la educación como profesiones futuras. En la misma encuesta en Madrid, los niños españoles querían ser mayoritariamente futbolistas.

Aquí no se protesta ni nos alarma que el abandono escolar solo sea superado por países como Turquía y Malta. Portugal y Grecia tienen mejores resultados académicos que España. No tenemos ninguna universidad entre las mil primeras del mundo.

Los españoles ni siquiera salimos en masa a la calle para defender la sanidad pública. Eso sí, tenemos diez equipos de fútbol entre los cien mejores del mundo. Es fácil imaginar la revolución que se produciría si llegamos a perder este *ranking* futbolero.

En el entorno europeo asombra que un país con el 25% de la población en el umbral de la pobreza y seis millones de parados pague cien millones de euros a un tío por dar patadas a un balón. Y aclaro que soy un gran aficionado al fútbol. Pero, ¿qué pensarán alemanes, británicos o franceses, cuya riqueza supera ampliamente la de España, al ver que un país que las está pasando canutas les levanta a los jugadores gracias a equipos que deben a la Hacienda pública mil millones de euros?

He visto colas kilométricas para adquirir una entrada de un partido de los denominados «del siglo», pagando sesenta euros por ella y pasando una noche a la intemperie. Y más terrible: cámaras de televisión preguntando a los que hacían cola por su profesión, que no era otra que la de parados.

Hace unos días estaba citado en los juzgados de Barcelona el futbolista Messi, imputado por un delito fiscal de cuatro millones de euros. Cientos de personas le esperaban para aclamarle, probablemente muchos de ellos sin trabajo. El mayor problema que tuve y las mayores críticas que recibí en mis ocho años como presidente de Cantabria tuvieron que ver precisamente con el fútbol.

Siempre me opuse a tener una televisión autonómica en Cantabria, como tienen el resto de las regiones. Esas televisiones son un agujero sin fondo, hechas a la medida y para boato del gobernante de turno. Hoy se cifra el agujero de este invento en más de dos mil millones de euros. Por eso en Cantabria nunca se creó. Había otras prioridades.

Esas televisiones autonómicas compraron en su día los derechos televisivos de los partidos de la Champions League. Al no existir en Cantabria, no podíamos ver esos encuentros. Los ciudadanos me inundaron con cartas de protesta. De nada servía que yo explicara que una televisión autonómica costaría veinte millones de euros al año, dinero con el que se podían hacer cien kilómetros de carreteras de acceso a los pueblos.

Los años de bonanza nos hicieron perder los hábitos de una España de gente dura y sacrificada.

4
El FMI: instrumento de la jungla de los listos

El Fondo Monetario Internacional (FMI) se creó en 1945 para fomentar la cooperación monetaria internacional, garantizar la estabilidad financiera, facilitar el intercambio entre los países, contribuir a un nivel elevado de empleo, a la estabilidad económica y a hacer retroceder la pobreza. Es difícil ofrecer más en una declaración de principios para luego cumplir menos.

Quizá la mejor imagen del FMI sea el retrato de sus últimos directores generales. Nuestro Rodrigo Rato era el responsable de este organismo cuando estalló la quiebra financiera mundial. Ni lo olieron. No sabemos si le ofrecieron una dimisión honrosa o si abandonó el barco avergonzado por su gestión. Zapatero dijo alguna vez en *petit* comité que solo hay tres personas que conocen las razones de la dimisión de Rato: «El inglés Brown, Sarkozy y yo». No dijo más.

¡En buena hora! Porque no pasó al retiro con el suculento sueldo que el FMI garantiza de por vida a los directores generales. Para dolor de cientos de miles de españoles, recaló en Bankia, cuyo desastre ha costado a las arcas públicas veintiún mil millones de euros y la ruina a quinientos mil españoles.

Rato fue sustituido por Dominique Strauss-Kahn. Este sujeto evolucionó desde las juventudes comunistas a destacado militante del Partido Socialista francés y fue ministro varias veces. Su vida ya era un ejemplo de discordancia entre el discurso y el comportamiento personal. Lo que entendemos por un caradura: coches de lujo, restaurantes de la *Guía Michelin,* mansiones y mujeres, muchas mujeres… El final de su etapa en la máxima dirección del FMI es sobradamente conocida. Su imagen bajando de un avión esposado dio la vuelta al mundo, acusado de atacar sexualmente a una trabajadora de un hotel de Nueva York. Lo último que sabemos de este episodio es que, al parecer, pagó seis millones de euros a la señorita para zanjar el asunto.

En Francia tiene varios pleitos abiertos por acoso sexual, e incluso por participar en una red de prostitución. Recientemente se ha publicado un libro de gran tirada donde se le describe como un depredador sexual.

La actual directora general del FMI es la francesa Christine Lagarde. No hace mucho tuvo que comparecer ante la justicia francesa bajo la sospecha de haber participado en un caso de corrupción cuando era ministra de Economía.

Estos personajes mandan de vez en cuando a España a unos trajeados ejecutivos para decirnos cosas increíbles: que vivimos «demasiado bien», que hay que bajar los salarios y las pensiones, que paguemos los medicamentos... Nunca se han metido con los ricos que no pagan impuestos, ni con sus jefes, que tienen el dinero en paraísos fiscales. Su cometido no es otro que amedrentarnos, anestesiarnos, mientras la economía financiera, sin reglas ni controles, maneja a su antojo el mundo.

5
Más que ricos

Esta economía, dominada por la jungla de los listos, es capaz de permitir que mueran de hambre sesenta mil personas al día, de las cuales treinta y cinco mil son niños; que mil millones de seres humanos sean casi analfabetos, que doscientos cincuenta millones de niños de entre cinco y catorce años sean explotados en trabajos terribles... Paralelamente, cien personas reúnen una fortuna de 1,4 billones de euros, según la lista que publica anualmente la revista *Forbes*.

La fortuna de estos cien «desamparados de la vida» supera el Producto Interior Bruto de 182 países de los 195 de la Tierra. Solo Estados Unidos, China, India, Japón, Alemania, Rusia, Brasil, Reino Unido y Francia superan en presupuesto a estos cien millonarios. España, por ejemplo, tiene un PIB menor en un 40% a la riqueza que acumulan los cien de la lista, que reproduzco a continuación.

1.	Carlos Slim	54.186*
2.	Bill Gates	49.732
3.	Amacio Ortega	42.309
4.	Warren Buffett	39.711
5.	Larry Ellison	31.918
6.	Charles Koch	25.237
7.	David Koch	25.237
8.	Li Ka-shing	23.010
9.	Liliane Bettencourt	22.268
10.	Bernard Arnault	21.526
11.	Christy Walton	20.932
12.	Stefan Persson	20.783
13.	Michael Bloomberg	20.041
14.	Jim Walton	19.818
15.	Sheldon Adelson	19.670
16.	Alice Walton	19.521
17.	S. Robson Walton	19.373
18.	Karl Albrecht	19.299
19.	Jeff Bezos	18.705
20.	Larry Page	17.072
21.	Sergey Brin	16.923
22.	Mukesh Ambani	15.959
23.	Michele Ferrero	15.142
24.	Lee Shau Kee	15.068
25.	David Thomson	15.068
26.	Príncipe Alwaleed Bin Talal Alsaud	14.845
27.	Carl Icahn	14.845
28.	Thomas & Raymond Kwok	14.845
29.	Dieter Schwarz	14.474
30.	George Soros	14.251
31.	Theo Albretcht	13.732
32.	Alberto Bailleres	13.509
33.	Jorge Paulo Lemann	13.212
34.	Alisher Usmanov	13.064
35.	Iris Fontbona	12.915
36.	Forrest Mars	12.618
37.	Jacqueline Mars	12.618
38.	John Mars	12.618
39.	Georgina Rinehart	12.618
40.	German Larrea	12.396
41.	Mikhail Fridman	12.247
42.	Lakshmi Mittal	12.247
43.	Aliko Dangote	11.950
44.	Len Blavatnik	11.876
45.	Cheng Yu-tung	11.876
46.	Joseph Safra	11.802
47.	Rinat Akhmetov	11.431
48.	Leonid Mikhelson	11.431
49.	Leonardo del Vecchio	11.356
50.	Michael Dell	11.356
51.	Steve Ballmer	11.282
52.	Viktor Vekselberg	11.208

*Millones de euros. Fuente: elaboración propia.

53.	Paul Allen	11.134
54.	Francois Pinault	11.134
55.	Vagit Alekperov	10.985
56.	Phil Knight	10.688
57.	Andrey Melnichenko	10.688
58.	Dhanin Chearavanont	10.614
59.	Susanne Klatten	10.614
60.	Vladimir Potanin	10.614
61.	Michael Otto	10.540
62.	Vladimir Lisin	10.466
63.	Gennady Timchenko	10.466
64.	Luis Carlos Sarmiento	10.317
65.	Mohammed Al Amoudi	10.020
66.	Tadashi Yanai	9.872
67.	Mark Zuckerberg	9.872
68.	Henry Sy	9.798
69.	Donald Bren	9.649
70.	Serge Dassault	9.649
71.	Lee Kun-Hee	9.649
72.	Mikhail Prokhorov	9.649
73.	Alexey Mordashov	9.501
74.	Antonio Ermirio de Moraes	9.426
75.	Abigail Johnson	9.426
76.	Ray Dalio	9.278
77.	Robert Kuok	9.278
78.	Miuccia Prada	9.204
79.	Ronald Perelman	9.055
80.	Anne Cox Chambers	8.907
81.	Stefan Quandt	8.833
82.	Ananda Krishnan	8.684
83.	Alejandro Santo Domingo Dávila	8.684
84.	James Simons	8.684
85.	Charoen Sirivadhanabhakdi	8.684
86.	Zong Qinghou	8.610
87.	Dirce Navarro de Camargo	8.536
88.	John Fredriksen	8.536
89.	Gerald Cavendish	8.461
90.	Harold Hamm	8.387
91.	Rupert Murdoch	8.313
92.	John Paulson	8.313
93.	Azim Premji	8.313
94.	Ernesto Bertarelli	8.165
95.	Charlene de Carvalho-Heineken	8.165
96.	Hans Rausing	8.165
97.	Jack Taylor	8.165
98.	Lui Che Woo	7.942
99.	Laurene Powell	7.942
100.	Eike Batista	7.868

6
Lo que preocupa a los españoles

Quien me conoce sabe lo mucho que me gusta hablar con la gente. Frecuento mercados, boleras, campos de fútbol... Me paro a conversar en estaciones de tren, en aeropuertos, etc. He vivido un año frenético de conferencias, pregones y presentaciones del libro. He contactado con miles de ciudadanos y he percibido la indignación y la perplejidad de un pueblo asombrado por lo que está pasando. En este capítulo voy a enumerar lo que me traslada la mayoría. Mi propósito, ser su altavoz.

La estafa de las preferentes y otros instrumentos financieros tóxicos

Todo empezó cuando bancos y, sobre todo, cajas de ahorros, al calor del crédito barato procedente del Banco Central Europeo y la Banca de Europa, ofrecían dinero al 1%. Eran los años en los que los gobernantes nos decían que estábamos en la Champions League (2005, 2006, 2007).

La Banca perseguía a los ciudadanos ofreciendo créditos para viviendas con hipotecas a treinta años y con aportaciones del cien por cien del valor de mercado en aquel momento. Ofrecían créditos para viajar de vacaciones, comprar coches, etc. Todo iba viento en popa. Los bancos y cajas cogían dinero al 1% y lo prestaban al 4%. Negocio redondo, mientras el dinero prestado se devolviese. Pero llegó la crisis en el año 2007 y muchos créditos empezaron a no devolverse. Mientras cajas y bancos cogieron dinero a dos y tres años, lo habían prestado a veinte o treinta. Empezaron a tener problemas de solvencia para devolver los créditos.

Los bancos pudieron optar por ampliaciones de capital, pero las cajas no podían hacerlo. Y ahí llegó una solución de la mano de los gurús financieros: captemos recursos de los ciudadanos ofreciéndoles productos «seguros» y de buena rentabilidad. Así se inventaron las preferentes.

Pronto empezaron a revisar los archivos de clientes. Miles de ciudadanos tenían cuentas con poco movimiento. Se puso en marcha la operación de caza y captura de esos ahorradores. Cada oficina tenía una lista de esos posibles clientes. Las conversaciones eran más o menos de este tenor:

—Querido amigo, vemos que tiene usted en una libreta de ahorros cincuenta mil euros a una retribución mínima. Tenemos un producto para usted quc lc viene al pelo. Lo llamamos preferentes, porque usted es un cliente preferente para nosotros. Le ofrecemos un 4% de interés.

Quien hacía esta propuesta era el jefe de la oficina de la esquina de su casa, su hombre de confianza en el banco. Vamos, como el médico del consultorio al que uno acude frecuentemente.

La preocupación del futuro adjudicatario del «chollo» siempre era la misma:

—Mire, yo quiero un producto sin riesgo, no soy un inversor y, además, si en un momento me surge una emergencia, quiero poder disponer de mi dinero.

La respuesta del responsable bancario también era siempre la misma: «Seguridad total y liquidez».

A veces, y hay pruebas documentales, el banco procedió sin consentimiento ni información del propietario a convertir una libreta de ahorro en preferentes. Y estoy seguro de que la mayoría de los directores de segundo nivel en el organigrama bancario no sabían bien lo que ofrecían.

Estos «productos subordinados» no eran seguros ni tenían liquidez. Tenían letra pequeña que ni con lupa se leía. Iban ligados a valores de cotización en Bolsa, a beneficios de las cajas y a la situación patrimonial de la entidad.

Puedo hablar con cierta autoridad en esta materia, porque durante diez años fui director de un banco. Un director de un banco es un apoderado de esa entidad y su firma, y hasta su palabra, va a misa. Yo fui director del Banco Atlántico de Torrelavega durante la década de los setenta y comienzos de los ochenta. En Torrelavega se encuentra el Mercado de Ganados más importante de España. Los miércoles es el día de feria y en aquellos años se hacían transacciones de hasta ocho mil animales. Era norma realizar las operaciones en efectivo. Todos los miércoles por la mañana yo acudía con un cajero para intentar captar la mayor cantidad de dinero de lo que allí se movía. El 95% de las ventas eran de ganaderos de Cantabria a ganaderos del resto de España, por lo que se convertía en una importante entrada de liquidez para nuestra tierra.

Yo me sentaba a una mesa y el cajero, a mi lado, contaba el dinero. A mí me correspondía entregar al ganadero un recibí con la cantidad anotada a bolígrafo y mi firma como garantía. Esa era la confianza entre el cliente y el apoderado del banco. Jamás me pidieron leer la letra pequeña; bastaba con aclarar verbalmente qué tipo de operación se realizaba.

Y, sin duda, ha sido ese vínculo de confianza el que ha hecho posible que alrededor de un millón de españoles cayera en la trampa de las preferentes. Cinco mil de ellos en Cantabria: cinco mil personas solo en Caja Cantabria, por un importe de ciento ochenta millones de euros. En España se habla de setecientas cincuenta mil personas afectadas y de cantidades superiores a los quince mil millones de euros.

El caso más terrible es el de Bankia, que ha afectado a más de doscientas mil personas. Lo de Bankia ha sido un escándalo monumental, porque a las preferentes hay que sumar el quebranto provocado a miles de accionistas, a los que su presidente anunció la salida a Bolsa con plusvalías muy lucrativas, y todo ello amparado por el Banco de España y las auditoras. Cuando la entidad ya estaba en quiebra, no tuvieron empacho en ratificar beneficios, ocultando pérdidas astronómicas. Decían: «En nuestra opinión, las cuentas expresan, en todos los aspectos significativos, la imagen fiel del patrimonio y de la situación financiera, así como de sus operaciones».

Todos recordarán a un Rodrigo Rato eufórico tocando una campana, y con el dedo índice hacia el cielo, para anunciar la salida a Bolsa de Bankia al precio de 3,75 euros la acción. Reproduzco el gráfico de la evolución de Bankia en el último año y medio. El premio a tal toco-mocho fue recogerlo en Telefónica, privatizada en su etapa como ministro de Economía, con un suculento sueldo. Por si no fuera suficiente, ahora también el Banco de Santander le acoge con otros doscientos mil euros al año.

Bankia. Evolución del precio de salida: Salida a bolsa
Fuente: Datastream y Sociedad de Bolsas

Tengo en los cajones de mi despacho miles de cartas de afectados. Nadie mejor que ellos para contar la mecánica planificada para estafar a honrados ahorradores. Aunque resulte un poco larga su lectura, reproduzco cuatro de esas cartas, para que quienes me leen conozcan las dramáticas historias que me cuentan.

Madrid 30-XII-2012
A D. Miguel Angel Revilla: En primer
lugar pedirle perdón por mi atrevimiento por
molestarle con esta carta, que acabo de leer
su libro (Nadie es más que nadie) y pienso que
Vd es la persona que más me podia ayudar
porque estoy tan mal que no sé que hacer.
En primer lugar me presentaré como es lo
correcto, soy una señora de 75 años que
me llamo S. José
y soy de (La Rioja)
y vine a servir con mis Sres a los 16
años y me ha tocado hacer de todo con
ellos, que eran cuatro hermanos solteros
y la ultima murio agarrada de mi mano
en hospital de urgencias, que los atendí a
todos toda mi vida. (y en ese sentido lo haría
otra vez). pues antes de venir a Madrid desde
los 11 años trabaje en la farmacia del
pueblo porque en mi casa no teniamos pa-
ra comer, pues mi padre era pastor
y la mejor persona del mundo. Don Miguel
Angel tambien yo con mi padre tuve la
esperiencia de los lobos en la majada de
las ovejas cuando mataron cinco y dejaron
muchas mal heridas, y cuando he leído
su libro me he emocionado tanto que
auque le sigo siempre, e pensado que
Vd era la persona con la cual podia des-
hagarme, pues estoy muy mal muriendo
lentamente a causa de Bankia que se
está quedando con nuestro dinero de
todos los ahorros de toda nuestra vida y
que nos ha costado tanto trabajo ahorrar.
Pues le diré que a mi marido que tiene
81 años le ha dado un ictus a conse-
cuencia del disgusto.

Ahora le voy a pedir un gran favor de
si puede hacer algo por nosotros pues
tenemos todo a nombre de los dos en
total 107.000 € en preferentes de Ban
kia y mi marido gana 850 € de pensión
y es muy triste no poder dar la paga a
mis nietos ni comprarles los reyes, pues
con los pagos de la casa tenemos bastante
Lo tenemos en Bankia en la sucursal
de la calle
y la cuenta desde el año 1957 con la
que hemos tenido siempre nuestros ahorros
así que le pido por favor si conoce alguien
que nos pueda ayudar para poder cobrar
nuestro dinero, pues espero que en esta
vida alguien tenga un poco de corazón
y sensivilidad hacia dos personas ma-
yores que solo han hecho en esta vida
trabajar más de 12 horas cada día.
Le repito mi perdón por el atrevimiento
y se que Vd con lo justo que es hara lo
que pueda por nosotros y le quedare-
mos de todas formas muy agradecidos
si puede hacer algo en nuestro favor.
Por favor escribe más libros para que
se entere la gente como se hacen las co
sas en esta vida y sobre todo las perso
nas honradas como Vd (Habrá si copian
algunos) Mi marido se llama

Le mando nuestro cari-
ño para Vd y su familia, les deseamos
lo mejor del mundo con nuestro más
sincero saludo

Estimado Sr. Revilla:

Soy una simple ciudadana que le admira desde hace mucho tiempo y más ahora que puedo segurle en la Sexta Noche (gran programa por cierto), (menos mal que nos queda la Sexta, ¿hasta cuándo?

Bien, mi historia es la historia de mucha gente de este país, que están luchando día a día contra todo este sistema que nos están vendiendo.

Soy hija de una padre nacido el 18 de julio de 1936, ¿le suena la fecha, verdad? Bien, mi padre lo único que ha hecho en su vida ha sido trabajar y ser una buena persona. Con 17 años con su padre y su hermano mayor (de 6 hermanos) empezó su peregrinaje por el mundo, desde una pequeña aldea al sur de Ourense en la frontera con Portugal. Su primer destino en aquellos tiempos, la tan nombrada hoy, Venezuela que tanto dio de comer a los gallegos, a los que tanto quería nuestra "Rosalía de Castro". Su vida continuó en Francia, bajo el frío de Normandía, construyendo puentes y viviendo en míseros barracones.

Una vez casado y con una hija de 3 años, emigró junto con mi madre a Suiza, dejando a su hija al cuidado de sus abuelos durante 7 años: me emociono al recordar todo esto a mis ahora 47 años.

Una vez de regreso al pueblo y con sus ahorrillos se hicieron su casita y poder disfrutar de su hija, ganándose la vida trabajando en la construcción (no en la especulación de los grandes) sino un simple pero honrado albañil.

Con 50 años, a mi padre, le diagnosticaron una diabetes bastante agresiva, que le llevó a perder oído, visión y mucha calidad de vida, y por supuesto siguiendo con su trabajo. Hace cuatro años mi padre solo conocía a su familia por la voz y veía sombras. La Sanidad Pública no podía operarle porque no merecía la pena (72 años). Se fue a una clínica privada pagando con su ahorros (ahora ha recuperado visión suficiente para poder defenderse por sí mismo) no lo mismo con su oído, que está sordo. Esto y más problemas que conlleva esta enfermedad.

Bien, esto es un resumen un poco de su vida.

Y por si esto fuera poco había ahorrado durante todos estos años de trabajo y no robando 100.000 euros que depositó en una sucursal de Caixa Galicia con la confianza depositada en todo su personal. Un buen día se acerca a la sucursal a retirar dinero para afrontar unos pagos y no puede. Le comunican que su dinero está en preferentes y subordinadas. ¿Quién explicó a mi padre lo que era todo esto? Nadie, su gente de confianza jugó con su dinero. ¡¡Su dinero!!

Mi padre no es un estafador, un ladrón, no es Rato, no es Bárcenas, no es Urdangarín, y muchos otros. Mi padre vive actualmente con una pensión de unos 700 euros (sumando los años de Francia, Suiza y España).

Mi pueblo no es Suiza, Bermudas, Panamá, Islas Caimán, etcétera.

Es un pueblo maravilloso en el Parque Natural Baixa Límia Serra do Xurés. Declarado La Reserva Mundial de la Biosfera. Al que animo, Sr. Revilla, a visitar.

Esta es la historia de mi familia, donde un padre con 76 años ya no quiere vivir. Y yo no quiero vivir en un país como este, donde cada persona es un negocio, nada más. ¡Qué triste!

Ojala existieran en este país muchas personas como usted que den voz públicamente a toda esta gente, que de otra manera nadie nos oiría.

Desde Palencia donde yo resido con mi marido e hijo, (por cierto mi marido, un profesor universitario, un pobre funcionario pero de vocación y desprestigiado como todo lo público, después de romperse los codos sacándose su plaza por «oposición» no a dedo como está sucediendo y ver reducido todo lo que se ha ganado en 23 años al servicio de los demás.

Muchas gracias Sr. Revilla por estar ahí y escucharnos. Me gustaría que diera voz públicamente a esta historia, aunque sé que como yo somos mucha la gente que estamos en lo mismo.

¿Y la justicia dónde está? ¡¡¡JUSTICIA!!!

Le saludo atentamente.

Ama de casa, con residencia en: ____________________

Mi correo electrónico: ____________________

Le prometo
que divulgaré
su historia

un abrazo

MigRevilla

Estimado y apreciado Sr. Revilla
Cada vez que le veo en Televisión me sorprende más, no hay quién hable con mayor claridad y honestidad en toda España
Mi situación es la siguiente:
Estoy jubilado desde 17-10-2012, tengo 3 hijos sin trabajo "en paro" y 3 nietos a los Cuales mantengo excepto al mayor que hace algunos trabajos esporádicos, hoy le han operado la mano derecha en Hospital Nisa y estará unos 3 meses sin hacer nad
Tengo atrapado 34.000 € en preferentes en CAIXABANK de Umbrete-SEVILLA- y hace año y medio me llamaba a diario desde Esta entidad porque sabía que yo tenía en IBANESTO.CO un dinero, y me dijo que me ofrecía más % y que era una buena operación y con liquidez
Confié en "Jaime" debido a nuestra amistad de años, y cual fué mi sorpresa que al año siguiente (2012) fui a sacar 10.000 € de los 23.800 € de esta 2ª operación y me dijo que no podía sacar nada que lo que yo tenía eran obligaciones convertibles en acciones a los 18 meses el 50%.
En fin tengo atrapados 57.800 € por esta entidad y no puedo quitar nada de una hipoteca que tengo en el BBVA, ni permitirme ningún "EXTRA".
Le agradezco de corazón su esfuerzo por todo el bien que está haciendo a todos los que como yo estamos indefensos.
Un cordial Saludo

Miguel Angel Revilla Roiz

De:	
Enviado el:	martes, 12 de marzo de 2013 14:13
Para:	Miguel Angel Revilla Roiz
Asunto:	carta afectado BANKIA

Querido amigo Don Miguel Angel Revilla,
Le llevo siguiendo desde hace tiempo y después de verle en 6TV el sábado día 9 no puedo por menos que rendirme ante su valentía y como se dice en mi tierra, cojones, si el resto de esta mediocridad de políticos fuera como usted, seguro que la agonía que estamos padeciendo muchísimos timados, estafados y engañados con las preferentes de BANKIA ya nos habrían devuelto lo que con mentiras nos han robado.
Soy ____________________ y el más joven de los afectados por BANKIA __________ (Salamanca). Soy pensionista con una incapacidad del 60% y mi señora con el 38%, con una pensión de 1.000 € usted cree que si me dicen que mis ahorros son para toda la vida o perpetuo hago semejante locura y pongo 25.000 € que tenía en este fiasco de BANKIA? Yo le dije al señor director que me parecía mucho el 7% y que quería algo seguro y sin ningún riesgo, me contestó que él respondía de todo. En este momento él lo niega todo. Me he puesto en contacto con la oficina del cliente y me contestan que todo está bien y que como he firmado que me busque la vida. Vamos señor Revilla, que he matado a Manolote por firmar.
Sr. Revilla, en ______________ hay gente hasta de 90 años que alguno no sabe leer. De todas maneras yo intento con mi señora leer el contrato y créame que no soy capaz de leer esa letra para nosotros demasiado pequeña. Le cuento un caso sangrante que son todos pero supongo que usted estará enterado de un señor de un pueblo de Salamanca que se jubila de autónomo del campo y vende sus 15 vacas a finales del 2011, cuando teníamos la tormenta encima y estando por la tarde en su casa se le presenta un director de BANKIA y le dice: Antonio, como has vendido las vacas, ese dinero métele en preferente que con el 7% que te damos y 612 euros de tu pensión vives muy bien. Antonio le dijo que sí pero que quería seguridad y poder disponer de su dinero cuando quisiese. Sr. Revilla, créame que lo está pasando muy mal porque ha cobrado los intereses solo de un trimestre, canallas!
Más desesperante es saber que quien ha llevado a la ruina a las cajas están riéndose de todos los ahorradores estafados ya que nos quieren tratar como si fuésemos inversores!
Sr. Revilla, hay motivos suficientes para que el fiscal general del estado actúe sin más. Para que yo pueda recuperar mi dinero tengo que disponer de 7.000 € para pagarme un abogado, procurador y tasas y precisamente no lo tengo porque me han dejado sin nada, a la cárcel todos estos trileros, sinvergüenzas y ladrones de guante blanco.

Muchas gracias valiente!,
Siempre a su disposición.

Estoy de acuerdo
El próx sábado en
la 6ª noche. vuelvo a la carga
MgRevilla

Algunos caraduras han tratado de presentarnos a las víctimas de esta estafa como inversores que sabían lo que adquirían. Puede haber algunos casos. Pero el 90% son personas ahorradoras y de escasos conocimientos financieros. Las imágenes de los que se manifiestan delante de las oficinas bancarias nos presentan a ciudadanos normales, con aspecto de buena gente y de edad avanzada. Muchos emigrantes que han sudado la gota gorda en Europa para conseguir unos ahorrillos, jubilados de la mina o del campo.

Especialmente dramático fue conocer a un matrimonio de ciegos que, después de cincuenta años vendiendo cupones de la ONCE por las calles de Madrid, pasando fríos y calores, habían ahorrado entre los dos cien mil euros para, una vez jubilados, disfrutar un poco de la vida. Cayeron en las redes de Bankia. Tampoco ellos leyeron la letra pequeña.

A mí este asunto me tiene indignado. Es, con diferencia, la mayor estafa de la historia de España, junto con la de Fórum Filatélico. Los causantes de tanto dolor se aprovechan de la dispersión de los afectados por las distintas regiones y pueblos de España.

Se habla de los que se han suicidado ante el inminente desahucio. Pero, ¿a cuántos ha matado en estos años del disgusto? Yo conozco muchos casos.

Situémonos en la piel de un anciano que, después de sesenta años de trabajo, tiene todos sus ahorros depositados en un banco o en una caja y, de la noche a la mañana, ve cómo se evaporan. La sangre te hierve aún más cuando

Cogiendo setas, una de mis aficiones preferidas

Con un semental tudanco de mi amigo Álvaro

Paseando con Woody Allen por Oviedo

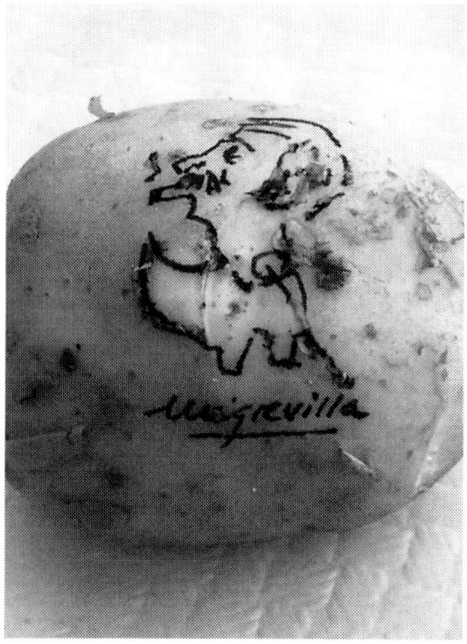

Autógrafo en la primera patata
de Valderredible 2013

Con José Irauzo, «El pastor de Andorra», noventa y nueve años de jotas

Cantando el villancico de Navidad en Carmona

Con Risto Mejide

Con Alberto de Mónaco, inadecuadamente vestido

Con Bertín Osborne. Altura media:
1,85 metros

¿Quién es el mexicano?

Pregonero del descenso del Sella en 2011. ¡Qué honor!

Curva del 21% en Peña Cabarga. Vuelta ciclista a España

se anuncia que Europa concede ayudas a la Banca española por un importe de cuarenta mil millones, pero no hay un euro para restituir el dinero a esta pobre gente.

Aún recuerdo la aparición triunfal de don Mariano Rajoy en aquella rueda de prensa, al estilo de la Casa Blanca, anunciando el gran logro. Acabó su intervención con estas palabras: «Ahora que he hecho los deberes, me voy a Polonia a ver jugar a la Selección Española». ¡Qué engaño! Esos cuarenta mil millones a la Banca española fueron para que esta pagara los créditos pendientes con la alemana, la suiza, la francesa, etc. Dinero de ida y vuelta. Ni un euro llegó a las pequeñas y medianas empresas, y mucho menos a los preferentistas.

En medio de tanto dolor y en paralelo, los altos ejecutivos de los bancos y cajas se otorgaban millonarias retribuciones y jubilaciones escandalosas. Las retribuciones del Consejo de Administración de Bankia son un buen ejemplo.

En 2011 Bankia pagó 20,8 millones de euros a sus consejeros y directivos. Mientras quinientos mil accionistas y preferentistas empezaban a ser desplumados, Rodrigo Rato cobraba al año más de cuatrocientos millones de las antiguas pesetas.

BFA Y BANKIA	2011 (€ MILES)
Salientes en junio 2011	
José Luis Olivas Martínez	1.764
Francisco Javier López Madrid	310
Rodrigo de Rato Figaredo	2.436

BFA Y BANKIA	2011 (€ MILES)
Francisco Verdú Pons	1.570
José Manuel Fernández Norniella	676
José Antonio Moral Santín	522
Antonio Tirado Jiménez	409
Juan Manuel Serra Peris	387
Mercedes de la Merced Monge	376
Mercedes Rojo Izquierdo	374
Juan Llopart Pérez	367
Virgilio Zapatero Gómez	366
Estanislao Rodríguez-Ponga	355
Jorge Gómez Moreno	339
Francisco Baquero Noriega	317
Pedro Bedia Pérez	308
Rafael Ferrando Giner	307
Ángel Daniel Villanueva Pareja	307
Remigio Pellicer Segarra	302
Arturo Fernández Álvarez	278
Ricardo Romero de Tejada y Picatoste	270
José Rafael Gcia Fuster y Gonz Alegre	265
Juan Manuel Suárez del Toro Rivero	235
Agustín González González	214
José María de la Riva Amez	202

BFA Y BANKIA	2011 (€ MILES)
Jesús Pedroche Nieto	204
Luis Blasco Bosgued	178
Javier López Madrid	169

Fuente: elaboración propia.

Pero si grave fue el escándalo de Bankia, no le va a la zaga el de la Caja de Ahorros del Mediterráneo (CAM). El Consejo de Administración se autoconcedió créditos por importe de ciento sesenta y un millones de euros, en muchos casos a interés cero.

La CAM empezó su huida hacia adelante sacando en 2008 una emisión por importe de trescientos millones de euros en cuotas participativas con la que cazó a miles de incautos. Curiosamente, quien colocó este producto tóxico (lo llamo así siendo benevolente) fue el banco americano Lehman Brothers, cuyo presidente en España era Luis de Guindos. En pleno agujero, que ha costado al contribuyente más de seis mil millones de euros, cinco de sus principales directivos se concedieron unas prejubilaciones por un importe de 15,5 millones.

Sus últimos directores dejaron clara la avaricia de la que es capaz el ser humano. Y la falta de vergüenza. María Dolores Amorós se puso un sueldo de seiscientos mil euros y una pensión vitalicia de 369.497. Modesto Crespo se aseguró trescientos mil euros anuales de salario.

Sin salir de la Comunidad Valenciana, no puedo omitir el escandalazo que supuso conocer que la filial de Bankia, Banco de Valencia (ahora en manos del Estado), tenía a un sujeto llamado Aurelio Izquierdo, con el cargo de director financiero, a quien habían comprometido una indemnización de catorce millones de euros.

Casos parecidos los encontramos en mi querida Galicia. Posiblemente, después de Madrid, donde más se han cebado con la estafa de las preferentes ha sido en Galicia. Y la entidad que captó más víctimas fue Novagalicia, al tiempo que provocaba un agujero que ha costado al contribuyente español cuatro mil millones de euros.

Paralelamente al dolor causado a miles de ahorradores gallegos, los directivos Julio F. Gayoso, José Luis Pego, Javier García de Paredez, Óscar Rodríguez Estrada y Gregorio Gornarán cobraron indemnizaciones de cincuenta y dos millones. José Luis Pego se adjudicó 18,7 millones.

Cataluña Caixa ha dejado un agujero de 10.800 millones de euros. Su presidente, Josep María Loza, antes de abandonar el puesto, cobró diez millones de euros. Su sustituto, Adolfo Todó, se puso un blindaje de cuatro millones.

Sin salir de Cataluña, Caixa Penedés, también en plena crisis, despertó la avaricia de la jungla de los listos. Ricardo Pajés, su presidente, trincó once millones y el director general, Manolo Troyano, seis millones de euros.

Hasta un cura llamado Miguel Castillejo, presidente de Cajasur, se hizo un plan de pensiones de 4,3 millones.

La lista de caraduras que se lo han llevado crudo es interminable. La indignación popular es tremenda, y no digamos nada la de los estafados por estos ladrones de guante blanco.

Todas las demandas que los afectados están presentando individualmente se están saldando con sentencias demoledoras contra bancos y cajas, como es lógico. Los jueces reconocen que las víctimas han sido engañadas y condenan a la devolución del dinero con intereses. Los bancos, a los que les sobra el dinero, y sus abogados, recurren a instancias judiciales superiores. Volverán a perder, pero habrán pasado ya diez años y la mayoría de los afectados habrá muerto por la edad o por los disgustos. ¿Cabe más crueldad?

En esta historia hay además otros dos culpables, los dos últimos gobernadores del Banco de España: Jaime Caruana, gobernador desde julio de 2000 hasta junio de 2006, y Miguel Ángel Fernández Ordóñez, desde junio de 2006 hasta junio de 2012.

Durante el mandato de Caruana, el 1 de enero de 2002 entró en vigor el euro y, por consiguiente, el Banco de España perdió su característica de emisor de la peseta como moneda nacional.

Al igual que los mandamientos de la Santa Madre Iglesia se encierran en dos, los mandamientos del Banco de España, históricamente el regulador del sistema financiero español, se encerraban en dos principios básicos:

1. Que las entidades que formaban parte del sistema financiero no prestasen en moneda distinta de la que hubieran obtenido sus fondos.

2. Que no existiese un descalce irrazonable para las entidades financieras entre los plazos a los cuales obtenían su pasivo y prestaban a sus clientes.

Desde 2002, la pertenencia de España a un área que tenía como moneda el euro y, como consecuencia, el acceso a una profundidad de mercado que hacía innecesario el primero de los preceptos, trajo consigo una relajación en la vigilancia del segundo principio, con efectos funestos a medio plazo para el sistema financiero español, la economía española, el ahorro de las familias españolas y, en general, para toda la sociedad.

La existencia de un mercado amplísimo donde fondearse (generalmente cajas y bancos alemanes, holandeses y franceses) mediante la emisión de titulizaciones y cédulas hipotecarias hizo que el sistema financiero español obtuviese cantidades ingentes de dinero a un diferencial entre siete y ocho puntos básicos y un plazo en torno a dos años. Todo ese dinero se utilizó para comenzar un creciente mercado hipotecario que dio lugar a una expansión inmobiliaria extraordinaria, con créditos a largo plazo —entre veinticinco y treinta años— y unos diferenciales del entorno de los cien puntos básicos.

En España empezaron a construirse más viviendas que en Francia y Alemania juntas. Y tenía su lógica, porque si bien una vivienda construida en Soria tenía un mercado exclusivamente soriano, las levantadas en Alicante, Málaga, Baleares y el resto de la costa mediterránea tenían como mercado Europa entera. Había, pues, un mercado mucho más amplio que el exclusivo de un solo país, aunque reducido a un ámbito más estrecho, como el sector de segunda o tercera residencia.

Como era previsible, sobre todo para especialistas que alcanzan el puesto de gobernador del banco regulador y emisor, cualquier alteración que se pudiera producir en las entidades prestamistas al sistema financiero español llevaría aparejadas consecuencias funestas. Y así fue, con la aparición de las hipotecas *subprime,* con origen en Estados Unidos pero que afectaron a los prestamistas del sistema financiero español, que no se encontraron en condiciones de renovar (por pérdida de solvencia) los créditos concedidos a corto plazo.

Todo ello dio lugar a un verdadero *crack* financiero en el subsector inmobiliario del conjunto del sistema financiero español, teniendo en cuenta que la influencia de este fenómeno era limitada, aunque importante, en los grandes bancos que tenían actividades superiores al 50% fuera de España, y dentro de España, diversificadas en diferentes sectores. Mayor fue la influencia negativa de este fenómeno en todos los bancos y cajas de ahorros no diversificados geográficamente y en sectores de crédito, siendo de importancia tremenda en el sector de las cajas de ahorros de ámbito exclusivamente nacional y con más de un 50% de cartera exclusivamente inmobiliaria. Por el mismo razonamiento, pequeñas cajas de ahorros rurales, cuyo sector principal no era el inmobiliario, pasaban también sin grandes afecciones el hecho de la no vigilancia del descalce entre pasivos y activos.

Todo esto se podría haber evitado con la aplicación del segundo principio de los mandamientos del Banco de España, que habría llevado a que el sistema financiero español no tomara créditos a un plazo menor de diez años para prestar a quince. Es una mala práctica pedir créditos a un plazo de amortización inferior al plazo del préstamo a los clientes. Es decir, tener calzados de manera razonable los plazos de los pasivos y activos de las entidades financieras.

Esta falta de vigilancia adquirió características dramáticas cuando, desde el regulador, en ambos periodos se potenciaron las emisiones de deudas preferentes y subordinadas; es decir, en el primero de los casos, deuda perpetua subordinada y condicionada a la obtención de beneficios, y solamente teniendo por detrás en exigibilidad al capital de las entidades financieras. Esto hizo que el sistema financiero en su conjunto se lanzara a colocar fuera del mercado específico y especializado, alcanzando a los clientes en general, que sin ninguna formación económica y financiera tomaron este producto que tantas desgracias está causando en la sociedad española.

Por todo ello deben aplicarse, y con el máximo rigor posible, los preceptos punitivos de nuestro ordenamiento jurídico ante tal tipo de actuaciones, que han llevado a la ruina a centenares de miles de familias españolas y han hecho que se alcance una cifra cercana al 30% de paro, con seis millones de personas desempleadas.

Por si pudiera parecer que es exagerado considerar a los dos anteriores gobernadores del Banco de España como verdaderos y principales culpables de la crisis, bastará aclarar su posición frente a la política con una vieja anécdota ocurrida en el periodo anterior a la restauración de la democracia en España.

Cuando cesaba a sus ministros, el entonces jefe del Estado, Francisco Franco, solía recibirlos al cabo de tres o cuatro meses en El Pardo para preguntarles por su nueva situación y por si necesitaban algún tipo de ayuda. Una vez cesado el ministro de Hacienda, Navarro Rubio, fue citado, como era costumbre, para la tradicional conversación con el jefe del Estado, que le preguntó: «Navarro, ¿y a usted ahora qué le gustaría hacer?». El exministro de Hacienda (hay que tener en cuenta que todas las funciones del gobernador del Banco de España las tiene por delegación del ministro de Hacienda) respondió: «Excelencia, a mí lo que me gustaría ser, y es la ilusión de la culminación de mi vida profesional, es gobernador del Banco de España». El jefe del Estado durante cuarenta años, dictador único, vencedor de una guerra civil, y en pleno apogeo del desarrollismo económico de España, le contestó: «Y a mí también, Navarro, a mí también». Es decir, ni Franco se atrevía a contradecir las opiniones económicas de un gobernador del Banco de España.

Esto quiere decir que cualquiera de los dos gobernadores mencionados tendrían que haber exigido al sistema financiero que hubiera existido relación entre el plazo de fondeo del dinero y el plazo al que se prestaba dicho dinero. Y si esto hubiese acarreado problemas con los políticos de turno, tendrían que haber dimitido, porque en ese caso es seguro que los políticos habrían dado marcha atrás, aun cuando su postura fuera contraria a la opinión del gobernador.

Yo vengo exigiendo la intervención urgente del fiscal general del Estado para que plantee a la máxima instancia judicial, el Tribunal Supremo, una querella en nombre de todos los afectados y se dictamine una sentencia colectiva y no recurrible.

Prometo no callarme. Allí donde me den un micrófono, una cámara de televisión, o a viva voz en cualquier plaza pública, no pararé de exigir justicia en este asunto. No sellarán mi voz. Hay que reparar esta estafa.

La puerta giratoria

Esta idea, que no es mía, se ha convertido en un clásico de la jerga política y popular. La puerta giratoria refleja un hecho extendido como algo habitual: aquellos que han sido presidentes del Gobierno, ministros, presidentes autonómicos, secretarios de Estado o directores generales, cuando acaban su labor política son recogidos en empresas públicas, semipúblicas o multinacionales con suculentos sueldos. Créanme que me parece bastante impresentable.

Como a la mayoría del pueblo español, esto me provoca indignación y cabreo. ¿Es lógico que un expresidente del Gobierno, al que le queda de por vida una retribución de cien mil euros anuales, amén de coche oficial, guardaespaldas, secretarias y despacho como miembro del

Consejo de Estado, participe además en consejos de administración con verdaderos sueldazos de empresas a las que en su gestión política pudo beneficiar?

La respuesta es un no rotundo. Si quiere ganar más de cien mil euros, un expresidente tiene mil formas de hacerlo, sin tanto descaro y siempre de manera legal. Es aceptable que dé conferencias y cobre por ellas, y que escriba sus memorias. Pero ¿es comprensible que José María Aznar, además de en otros múltiples negocios, esté colocado en Endesa? No. ¿Es aceptable que Felipe González esté ahora colocado en Gas Natural? No. Por lo escandaloso del tema, no está de más volver a recordar que Rodrigo Rato, ministro de Economía cuando se privatizó Telefónica y se colocó de presidente a César Alierta, sea en este momento alto ejecutivo de la empresa, con otro puesto además en el Banco de Santander.

¿Tiene el pueblo español derecho a pensar que se coloca a expolíticos en empresas con un sueldazo como compensación a los servicios prestados? Sí. La nómina de beneficiados por la puerta giratoria colapsaría la entrada de cualquier hotel que la tenga. Veamos algunos de los casos más llamativos.

Ángel Acebes, que fue ministro de Justicia y Administraciones Públicas, cobra ahora de Iberdrola.

Rafael Arias Salgado, exministro de Fomento, es presidente de Carrefour.

María Ángeles Amador, exministra de Sanidad, cobra de Red Eléctrica, igual que Miguel Boyer, exministro de Economía.

Elena Salgado, que fue vicepresidenta del Gobierno y ministra de Economía, cobra de Endesa, como Pedro Solbes, también exministro de Economía.

Carlos Atienza, exministro de Agricultura, cobra de Red Eléctrica.

Isabel Tocino, exministra de Medio Ambiente, es consejera del Banco de Santander.

Magdalena Álvarez, exministra de Fomento, es ahora vicepresidenta del Banco Europeo de Inversiones.

Ana Palacio, exministra de Asuntos Exteriores, es miembro del Consejo de Administración de HC Energía.

Eduardo Zaplana, exministro portavoz de José María Aznar, cobra de Telefónica.

Luis Carlos Croiser, exministro de Industria, cobra de Repsol.

Como se puede observar, son bastantes los «enchufados».

En una España que las está pasando canutas, casos como estos contribuyen a generar cabreo, desmoralización y desapego ciudadano hacia la clase política. Tampoco entiende la ciudadanía cómo presidentes autonómicos se quedan con suelos astronómicos, oficina, secretarias y coche oficial tras su paso por el cargo político.

Y aún quiero abordar una discusión que está en la calle. ¿Ganan mucho los políticos? Si comparamos el sueldo anual que cobran ejecutivos de empresas multinacionales, en muchos casos superiores a los seis millones de euros anuales, el sueldo del presidente del Gobierno de España —noventa mil euros— obviamente parece muy poco. Los que consideran una miseria esta retribución argumentan que la mayor responsabilidad que puede caer sobre los hombros de un hombre o de una mujer es dirigir los destinos de un país y que, por tanto, la remuneración ha de estar en consonancia con esa responsabilidad. Opinan que con «tan escasa» compensación económica solo llegarán a la política los mediocres.

Rechazo esos argumentos con toda contundencia. Y afirmo que los políticos están bien pagados, a veces incluso demasiado bien para lo que hacen. Soy de los que piensan que nadie jamás debe aproximarse a la actividad política por motivaciones económicas, salvo que, siendo un corrupto (y cada vez hay más), sepa que el sueldo es una limosna comparado con lo que se puede afanar en cargos donde se decide la adjudicación de obras o la recalificación de terrenos.

En mi primer libro decía que la política es una de las actividades que debe guiarse por la vocación, como el sacerdocio, la medicina o la educación. No todo en esta vida ha de estar guiado por el afán de acumular riqueza. Debemos luchar por una vida digna, pero muchas personas tienen ideales más gratificantes que el dinero.

Modestamente, yo mismo podría haber llegado a ser muy rico si me hubiera dedicado a desarrollar ciertas aptitudes. Nunca opté por ese camino. En 1975 tenía por delante lo que puede considerarse un futuro de bienestar económico y social. Era director de un banco y profesor en la Universidad. Tenía un barquito, fines de semana de ocio, vacaciones... Todo ello lo abandoné para dedicar mis esfuerzos a la lucha por conseguir que mi tierra se llamase Cantabria y se convirtiera en comunidad autónoma.

Las circunstancias me llevaron posteriormente al máximo e impensado honor de presidir Cantabria. En ese cargo cobraba cuarenta y cinco mil euros netos al año. Siempre dije que si mi familia hubiera tenido recursos, habría hecho ese trabajo gratis. Para mí no hay horarios ni vacaciones cuando se opta por el servicio público.

No hay nada más gratificante que trabajar para intentar mejorar el entorno y la vida de tus semejantes. Yo he conocido pueblos de mi amada Cantabria que no hace tanto no tenían carretera, agua o luz eléctrica. Créanme que cuando llegó el día de inaugurar esos servicios, conseguidos gracias a mi gestión, sentí tal alegría y emoción interior al ver la cara de satisfacción de sus gentes que no paraba de llorar. Esa sensación no es comparable a viajar en un barco de lujo por las aguas del Caribe.

El servicio público es una vocación

En 1996 yo era vicepresidente del Gobierno de Cantabria y consejero de Obras Públicas. Elegí expresamente ese cargo porque Cantabria era en aquellos años la región con las peores comunicaciones interiores de España. Una tarde de verano, a finales de julio, caminaba por El Sardinero de Santander cuando del interior de un quiosco de helados salió una mujer pasiega que reclamó mi atención.

—Señor Revilla, quiero que vea estas fotos —dijo.

En ellas se contemplaba a un hombre vadeando un río, con el agua hasta la rodilla y apoyado en un palo grueso para hacer frente a la fuerte corriente, con un niño de unos cinco años a hombros.

—¿Qué es esto? —le pregunté.

Ella me contó que en La Gurueba, un barrio próximo a Vega de Pas, vivía un matrimonio con dos niños. El padre cruzaba el río dos veces al día con los niños a hombros para llegar a la carretera general, donde cogían el autobús escolar para llegar al colegio. En invierno, el nivel de agua del río Pas crece muchísimo y cruzarlo es muy peligroso.

Yo no daba crédito a lo que oía y veía. No podía ser que en mi tierra existiesen casos así. Ni siquiera sabía de la existencia de un lugar llamado La Gurueba. Así que al día siguiente cogí mi coche y fui hasta allí. Efectivamente, me encontré con un pequeño pueblo abandonado y una casa de cuya chimenea salía humo, señal de que estaba habitada. Entre la carretera y la casa estaba el río Pas, el cual, como estábamos a finales de julio, bajaba con poca agua. Me descalcé, lo crucé y me dirigí a la casa. Allí comprobé que todo lo que me habían contado era cierto.

Volví a mi despacho y reclamé la presencia de un ingeniero, un funcionario llamado Antonio García. Le conté la historia y le pedí que encargase con prontitud el proyecto de un puente para solucionar el problema. Pasado un mes, Antonio se presentó en mi despacho con el proyecto debajo del brazo.

Siempre que me presentaban un proyecto de construcción, yo iba rápidamente a la última página, que es en la que figura el coste. El precio de licitación de aquel puente era de veintinueve millones de pesetas, mucho dinero en aquellos tiempos. Sin embargo, ordené que procedieran inmediatamente con el papeleo para publicar cuanto antes la licitación en el Boletín Oficial de Cantabria. Un año después inauguramos el puente.

Fui duramente criticado. Un periódico local tituló: «Revilla se gasta veintinueve millones de pesetas en un puente que da servicio a dos niños».

El día de la inauguración fue una fiesta. Cientos de personas acudieron al acto. Los niños no paraban de correr por el puente y yo me comprometí a que, cuando acabara mi gestión, no habría en mi tierra un solo cántabro, viviera donde viviera, sin una carretera o un acceso adecuado hasta su vivienda. Hoy puedo afirmar orgulloso que lo conseguí. Durante mi mandato se construyeron dos mil kilómetros de carreteras.

Estas son las cosas que le llenan a uno y que le compensan de dedicarse al trabajo público. Es el mejor pago, por encima de los sueldos. El político de vocación no puede guiarse por su retribución económica. Tiene otras compensaciones.

La ley electoral

Si entran en mi cuenta de Twitter, verán que entre todos los miles de mensajes que recibo hay uno recurrente:

«Preséntese a las elecciones para presidente del Gobierno de España».

Los mensajes me llegan desde la isla de La Palma, desde Tarragona, Puertollano, Calahorra… No soy capaz de explicarles que ellos no me pueden votar. A diferencia de la mayor parte de países del mundo, en España no hay circunscripción electoral única. En consecuencia, el ciudadano no vota al presidente, sino a los diputados.

Cuando yo no soy capaz de explicar esto es que para los españoles resulta incomprensible. No entienden que una persona pueda presentarse a presidente de España sin que toda España pueda votarle. Entienden que para elegir al alcalde de un pueblo o de una ciudad solo puedan votar los empadronados en ese lugar. Entienden que para elegir al presidente de una comunidad autónoma solo puedan votar los empadronados en esa comunidad autónoma. Pero no se entiende este sistema indirecto para elegir al presidente de la nación.

La esencia de la democracia es un hombre, un voto. Pero en España puede darse el caso de que un partido político obtenga un millón de votos y no consiga representación en el Parlamento, mientras que otro partido con cuarenta mil votos obtenga dos diputados.

Otro clamor en España es la exigencia de listas abiertas. Porque el ciudadano ha de votar una candidatura en bloque, aun cuando pueda haber, a su juicio, inútiles y corruptos, sin posibilidad de tacharlos.

Está claro que el sistema electoral español se configuró para instaurar el bipartidismo, la alternancia política y la partitocracia. Y el sistema ha funcionado, tal y como estaba previsto, con el apoyo de las fuerzas nacionalistas de Cataluña (CiU) y País Vasco (PNV), a los que favorece electoralmente y les permite jugar un papel básico a la hora de confeccionar los Presupuestos Generales del Estado en el caso, bastante frecuente, de que no haya mayorías absolutas.

Algunos me plantean la creación de un partido de ámbito nacional. ¿Con qué dinero? El sistema de financiación de los partidos políticos en España se basa en el dinero público. Hay quienes, además del público, reciben donaciones privadas presuntamente ilegales, como hemos visto a tenor del llamado caso Bárcenas.

La subvención pública asciende a X euros por voto, además de una cantidad por cada diputado, senador, alcalde, concejal... Cuando llega la campaña electoral, los partidos piden un adelanto de la subvención en función de lo obtenido en las elecciones anteriores. Y ese resultado decide también la adjudicación de los espacios de publicidad gratuita en los medios de comunicación públicos. Como consecuencia, un partido nuevo no recibiría ni un euro para concurrir a unas elecciones generales. Como mucho, cinco minutos para explicar su programa electoral en La 2 de Televisión Española a las cuatro de la madrugada. Todo está atado y bien atado...

La corrupción

En el ser humano coexisten el egoísmo y la solidaridad. Hay personas en las que impera el egoísmo por encima de cualquier otra cosa, y hay otras en las que la solidaridad llega a extremos extraordinarios.

El término corrupción se asocia a la desviación del ejercicio correcto de la gestión de los intereses públicos y privados con enriquecimiento ilícito de los causantes de dicha desviación. Las personas encargadas de gestionar los asuntos públicos, tanto si son funcionarios (jueces, policías, inspectores de Hacienda, etc.) como si son cargos electos (alcaldes, concejales, diputados) o por designación (presidentes, ministros consejeros), cuando se corrompen traicionan el deber de lealtad para con los intereses generales, abusando de las facultades unidas a su cargo, para enriquecerse o hacer que otros se enriquezca.

A mediados de los años ochenta, a raíz de la entrada de España en la Unión Europea, se produjo un espectacular desarrollo económico en nuestro país. Para propiciar ese desarrollo resultaba imprescindible una multitud de decisiones de los poderes públicos con una gran trascendencia económica. Se construyeron carreteras, ferrocarriles y multitud de infraestructuras; se concedieron frecuencias de televisión privada; las prestaciones sanitarias se universalizaron; se levantaron y mejoraron hospitales y centros de salud; se triplicaron o cuadruplicaron los centros docentes y las universidades públicas; se privatizaron las grandes compañías de servicios (Telefónica, Iberia, Campsa, Endesa), etc.

Las comunidades autónomas también reprodujeron, a su escala, decisiones similares (creación de televisiones autonómicas, hospitales, universidades) y los ayuntamientos emprendieron la urbanización de multitud de parcelas para la edificación de viviendas y para la ampliación del suelo industrial.

Como es obvio, cualquiera de esas decisiones conllevaba una trascendencia económica descomunal para los beneficiarios, por lo que es fácil suponer que, con ese caldo de cultivo, apareciesen prácticas corruptas. Por esa preponderancia del egoísmo innata en las personas, la corrupción ha existido y existirá siempre en todos los estamentos sociales, desde la Iglesia hasta la política.

Mi amigo el catedrático de Historia Ramón Teja pronunció hace algunos años la conferencia inaugural de los cursos de verano de la Universidad de Cantabria, en la que abordó lo ocurrido en el Concilio de Éfeso en el año 431. Se trata de uno de los ejemplos de corrupción más notables de la historia.

El Concilio duró veinticinco días, durante los cuales se sucedieron muertes y encarcelamientos, con mucho dinero en juego. Dos obispos enfrentados, Cirilo de Alejandría y Nestorio, representante de la Iglesia de Constantinopla, fueron los principales protagonistas. A priori, las papeletas para triunfar estaban de parte de Nestorio, que tenía el apoyo del emperador de Constantinopla. Pero Cirilo acumulaba una inmensa fortuna saqueada a los fieles de Alejandría y Egipto.

Según informes de la época, llegó a repartir 1.380 libras de oro en monedas. El equivalente a 420 kilos. De ese modo compró la voluntad de los obispos cortesanos e incluso la del emperador. El corrupto Cirilo se hizo con la ortodoxia de la Iglesia y el pobre Nestorio, al que anatemizaron como hereje, acabó sus días de ermitaño en un bosque. Como la historia la escriben los triunfadores, hoy el corrupto Cirilo es san Cirilo y Nestorio es un enviado de Satán.

Más de mil quinientos años después, aunque con otras artes, las cosas han cambiado poco. El 10 de junio de 2003, a las diez de la mañana, estaba convocada la Asamblea de la Comunidad de Madrid para elegir al presidente de la Cámara. Todo estaba atado. Se trataba, en principio, de un acto rutinario.

Había dos candidatos, Francisco Cabaco (PSOE) y Concepción Dancausa (PP). Cabaco reunía a cincuenta y seis diputados, y Dancausa a cincuenta y cinco. En los pasillos, los populares cuchicheaban y sonreían de forma sospechosa. Al llegar las 10:00 horas se notó la ausencia de dos diputados socialistas, Eduardo Tamayo y María Teresa Sáez. El portavoz del Grupo Socialista pidió a la mesa que dirigía las votaciones un receso de diez minutos, aduciendo que dos de sus compañeros estaban en un atasco.

No se presentaron nunca. Estaban bien reunidos en un hotel de las afueras de la ciudad relajándose de la felonía. Contra todo pronóstico, salió elegida presidenta de la Asamblea de Madrid la candidata del PP. Lo que ocurrió luego es sobradamente conocido. El socialista Rafael Simancas vio frustradas sus aspiraciones de llegar a la presidencia de la Comunidad. Hubo que convocar nuevas elecciones, que abrieron la etapa hegemónica de Esperanza Aguirre y Alberto Ruiz-Gallardón. Cirilo de Alejandría había dejado buenos discípulos, aunque hubieran pasado dieciséis siglos.

Hay una carta de Sinesio de Cirene, famoso filósofo del año 390, a su hermano, en la que narra una anécdota ocurrida en una ciudad de Lidia, en la actual Turquía. El protagonista era un político que había sido multado con quince libras de oro por corrupción cuando era gobernador de Lidia. Acudió al fisco para pagar la multa con dos bolsas, una con monedas de oro y otra con monedas de bronce. El Montoro de la época contó y pesó las monedas de oro, pero, al entregarlas, el gobernador, con gran habilidad, logró sustituir la bolsa con el oro por la de las monedas de bronce. ¿Cuál fue la reacción de la gente cuando se divulgó la noticia? En lugar de criticarle o indignarse, dice Sinesio que ninguno de los súbditos se enfadó por el daño causado a las arcas del Estado. Es más, adquirió tanta popularidad que fue aclamado mientras paseaba por las calles y plazas como un benefactor.

Han pasado mil seiscientos años de este episodio, pero la conducta humana ha cambiado poco. Es frecuente ver a alcaldes y concejales, imputados por corrupción, salir de las cárceles y las comisarías aplaudidos por el respetable. Muchos son votados sucesivamente.

Los hay con suerte

En el libro del gran economista Daron Acemoglu titulado *Por qué fracasan los países,* se cita el caso más escandaloso de corrupción de los tiempos modernos, que tiene como protagonista al dictador Robert Mugabe, presidente de Zimbaue. En el mes de enero de 2000, en Harare, el maestro de ceremonias Fallot Chawawa tenía que elegir el billete que ganaría la lotería nacional, organizada por el banco estatal, el Zimbaue Banking Corporation. La lotería estaba abierta a todos los clientes. Cuando Chawawa sacó el billete, se quedó de piedra. El ganador de los cien mil euros era Robert Mugabe. El banco afirmó que el nombre de Mugabe había sido extraído de entre miles de clientes elegibles.

A Mugabe no le hacía falta el dinero, ya que es multimillonario. Pero el hecho de que pudiera amañar la lotería era un aviso de hasta qué punto él lo controlaba todo en el país.

Salvando las distancias, en España tenemos a otro sujeto con tanta o más suerte que Mugabe. Me refiero a Carlos Fabra, a quien, al parecer, le ha tocado el gordo de Navidad cinco veces.

Por fortuna, en nuestro país en estos momentos la ciudadanía está tan indignada por la corrupción existente que la ha situado entre sus tres máximas preocupaciones. Pero no siempre ha sido así. En las épocas de bonanza yo he escuchado con horror justificaciones del tipo «roba, pero hace cosas». La honradez es la primera exigencia que se le debe hacer a un político o a un cargo público. Meter la mano en lo público es de mucha más gravedad que hacerlo en lo privado, porque robar en la cosa pública es robar a todos.

El *modus operandi* de la corrupción en España pivota sobre tres pilares: el urbanismo, las subvenciones y los contratos públicos. En nuestro país, a partir del desarrollismo y el *boom* de la construcción, al amparo del cual las instituciones públicas transformaron suelo rústico, incluso el de especial protección, en suelo urbano, el valor del metro cuadrado se ha multiplicado de 1 a 1.000. Y gracias a ello muchos se han convertido en millonarios, pasando del piso de protección oficial y el coche utilitario a mansiones, vehículos de alta gama, yate y hasta avión privado.

Como es natural, este enriquecimiento dio para sobornar espléndidamente a los políticos y funcionarios que lo posibilitaron. Pueden citarse cientos de casos, pero el más representativo es el caso Malaya, que es como se conoce judicialmente el saqueo de Marbella con quebranto de más de mil millones de euros.

Pero España es también un país de subvenciones. Todo el mundo las reclama: para comprar casas, poner negocios, vender pipas, viajar con el Imserso... El ingreso en la Unión Europea permitió a España acceder a mucho dinero para modernizar las infraestructuras, y hay subvenciones absolutamente justificadas para estimular el consumo y la inversión o promocionar el empleo.

Las subvenciones son una manera de reequilibrar rentas y aumentar el poder adquisitivo de quienes menos tienen. La filosofía es correcta. Pero al amparo de la riada de dinero, los «listos» de turno vieron la manera de distraer para beneficio propio o de los suyos una parte de esa masa monetaria.

También podríamos citar cientos de casos. El más notorio es el de los ERE de Andalucía, la desviación de fondos europeos destinados a pagar prejubilaciones y ayudar a empresas en dificultades que acabaron en manos de esos listos, previa falsificación de la actividad de empresas o de personas. Se calcula que unos cien millones de euros han sido cobrados de manera ilícita.

La tercera pata que propicia la corrupción son las comisiones por adjudicación de obras. Gobierno central, comunidades autónomas y ayuntamientos licitan al año miles de millones de euros en obra pública. Y la demanda para hacer las obras siempre es superior a la oferta.

Aunque, en teoría, los organismos públicos tienen controles para adjudicar al mejor postor en función de las cláusulas de licitación, es solo eso, teoría. Un ministro, un presidente autonómico, un consejero, un alcalde y un concejal de obras, si quiere, puede influir decisivamente en la adjudicación de los contratos.

Yo fui consejero de Obras Públicas de Cantabria durante ocho años. En ese tiempo el Gobierno de Cantabria adjudicó mil millones de euros en infraestructuras. Jamás quise saber a quién se le adjudicaba una obra. Yo decidía las que se debían hacer y punto. El resto era responsabilidad del equipo de contratación y compras, formado por funcionarios y por el secretario general técnico de la Consejería.

Yo no recibía a los constructores. Recuerdo que en el año 1996 me llamó Florentino Pérez, presidente de ACS y ahora gran amigo mío. Quería visitarme y presentarme su empresa. Le dije que yo no era experto en la materia y le remití al secretario general técnico y director de Carreteras, que era ingeniero de Obras Públicas. Se quedó perplejo.

Pasado el tiempo, y cuando ya era presidente del Real Madrid, me recordó que no había querido recibirle y me preguntó: «¿A que ahora sí me recibirías?». Le contesté que como presidente del Real Madrid, encantado.

Pero es seguro que hay políticos que han cobrado comisiones en la adjudicación de obras. Lo que varía, según la avaricia del corrupto, es el porcentaje.

Aún tengo en la memoria aquel arranque de sinceridad de Pascual Maragall cuando, en el Parlament de Catalunya, le espetó a Artur Mas: «Ustedes tienen un problema que se llama 3%». En la corrupción hay un pacto de silencio entre el que paga y el que trinca. Ambos delinquen, y lo saben, y por esa razón quien lo da lo niega y quien lo coge lo niega más.

La corrupción es la mayor lacra de la sociedad y, además, contagiosa. Una reciente encuesta del Centro de Investigaciones Sociológicas (CIS) indica que una gran mayoría de los españoles, el 86%, considera que la corrupción está muy o bastante extendida en nuestro país. La urgencia de combatirla es fundamental para la recuperación de la credibilidad de los ciudadanos en las instituciones. Abordaré en otro capítulo las posibles soluciones.

Los ricos casi no pagan impuestos

Los españoles tenemos la sensación de que quienes soportan los ingresos del Estado son las clases medias y populares, las pequeñas y medianas empresas, mientras los ricos y las grandes empresas, o pagan poco o no pagan nada. Y estamos en lo cierto.

Los ciudadanos exigimos unas buenas infraestructuras, sanidad pública, educación, seguridad... Para cubrir todas esas necesidades, el Estado debe recaudar impuestos, y el ciudadano, pagarlos. Pero los impuestos tienen otra misión más importante, que consiste en equilibrar las rentas. Una economía sin intervención del Estado y sin impuestos sería la selva, donde solo sobrevivirían los más poderosos. Los ricos serían cada vez más ricos y los pobres, más pobres. Por eso, el fin primordial de un sistema fiscal justo es que paguen más los que más tienen. La misión de la fiscalidad es corregir en parte la acumulación de la riqueza en unos pocos, detrayendo parte de la misma para redistribuirla en obras y servicios que alcancen a amplias capas de la población de escasos recursos. Esto no ocurre con nuestro sistema fiscal.

Más del 80% de la recaudación fiscal del Estado la soportamos las clases medias y bajas, que vivimos de una nómina, junto con las pequeñas y medianas empresas, a las que les resulta imposible esconderse de la voracidad recaudatoria.

Los impuestos indirectos (IVA, carburantes, bebidas, tabaco) cada vez tienen más peso en la recaudación y son los más injustos, porque gravan de manera ciega a todos, sin distinción de clase social. ¡Qué más les da a los millonarios que un litro de gasolina valga un euro o un euro y medio! Probablemente no sepan ni lo que cuesta.

Tenemos que preguntarnos por qué los gobernantes no aplican impuestos mayores a los ricos y a las grandes sociedades. La respuesta es muy sencilla: los gobernantes jamás quieren indisponerse con los ricos, a quienes en muchos casos deben el cargo. Es más, aquellos que «hacen bien su trabajo» acaban acogidos en sus brazos cuando terminan su periplo político.

Es casi una constante mundial. En las últimas elecciones norteamericanas, el presidente Obama recibió más de mil millones de euros para su campaña en donativos millonarios. Cabe pensar que tanto altruismo no se produce para que luego el elegido actúe en contra de tus intereses.

En España, *El País* publicaba recientemente un artículo en el que relataba cómo en 1980 el sector financiero español reunió a unos cuantos dirigentes de Unión de Centro Democrático con una instrucción: había que descabalgar al presidente Suárez y también a su sucesor.

Todos conocemos las escandalosas condonaciones de deuda que los bancos han realizado a favor de los partidos con opciones de gobernar. Y como consecuencia, los Parlamentos emiten leyes fiscales que favorecen a una clase social: los ricos.

¿Cómo es posible que existan sociedades de inversión mobiliaria e inmobiliaria a las que solo pueden acceder los que tienen un gran capital social o un gran patrimonio? Mientras los de la nómina tributamos entre un 27 y un 50%, esos grandes patrimonios lo hacen al 1%; al 19%, en el caso de rendimientos de capital mobiliario e inmobiliario.

Nos dicen que si se les suben los impuestos, las grandes fortunas se van a otros países. Habría que aplicarles la letra de una canción popular cántabra: «Si se van, que se vayan, que ya volverán...». Para lo que pagan, da igual dónde estén. Es peor la sensación de agravio que sentimos el resto de los ciudadanos.

¿Cómo se explica que los políticos calificados de izquierdas, en plena crisis, decidan bajar el tramo medio del IRPF del 39 al 30%? Y por si fuera poco, se inventaron la posibilidad de deducir cuatrocientos euros por cada contribuyente, incluidos los grandes financieros y millonarios, pero no los más pobres, que ni siquiera declaran a Hacienda. Esta genial idea, mientras estuvo vigente, costó al erario público seis mil millones de euros al año.

¿Cómo se explica que políticos de derechas digan que, en plena crisis, lo correcto es bajar los impuestos y, a continuación, una vez alcanzado el poder, los suban todos menos los que afectan a los ricos y a esas sociedades extrañas donde se camufla el dinero?

Todos sabemos que las clases populares consumen el cien por cien de las rentas, sin capacidad de ahorro, mientras que los ricos solo consumen una parte mínima de los ingresos. Por tanto, el IVA y los impuestos especiales los pagan fundamentalmente las clases media y baja. La cuestión es tan escandalosa que en algunos países de mayor tradición y conciencia democrática han sido los ricos los que han pedido pagar más (Estados Unidos y Francia, por ejemplo), avergonzados de tributar a veces menos que sus secretarias.

Más bochornosa fue la decisión de un Gobierno llamado «de izquierdas» en nuestro país: bajo el pretexto de atraer científicos extranjeros, rebajó la tributación máxima del 50 al 24%. La medida fue un cajón de sastre a la que se acogieron científicos del nivel de David Beckam, Kaká, Cristiano Ronaldo, etc., que han contribuido de manera decisiva al desarrollo de la ciencia en nuestro país. Al mismo tiempo, se reducía en un 40% la partida destinada a I+D+i.

No solo no han vuelto los verdaderos científicos, sino que se ha ido lo mejorcito que teníamos. La situación es tan patética que hemos llegado a ver, con bochorno, a una científica en un *reality show* de televisión tratando de conseguir cuatro mil quinientos euros para poder continuar su investigación.

¿Cómo no vamos a pensar que mandan los ricos cuando nuestra Hacienda pública consigue listas de ciudadanos que tienen bienes no declarados fuera del país, que les avisa para regularizar su situación tributaria y les cobra un 10% de impuestos, cuando un delito monetario conlleva, en función de la cuantía, una pena de cárcel y el abono de una sanción cuatro veces superior a la cantidad defraudada?

Una cosa curiosa. En los últimos veinte años, las rentas salariales han tributado un promedio de veinte mil euros al año, según las estadísticas. Las rentas empresariales declaradas alcanzan, de media, diez mil euros. ¿Alguien cree que los trabajadores ganan más que los empresarios?

Para indignarnos un poco más todavía, voy a relatar un hecho ocurrido en la década de los ochenta. España y Austria firmaron un tratado de doble imposición en virtud del cual los españoles que compraran bonos del tesoro austriaco no tributarían por los intereses, ni en Austria ni en España. Miles de millones de pesetas de españoles ricos y enterados suscribieron bonos austriacos al 12% de interés.

Quien compró mil millones de pesetas ganó en intereses en un año ciento veinte millones exentos de impuestos. Esos mismos bonos, siguiendo el ejemplo de los mil millones, se vendieron al año con un quebranto de veinte millones. Pues bien, quienes los compraron tuvieron la jeta de deducir de su declaración de la renta esa pérdida de veinte millones, cuando en realidad habían ganado cien.

En el año 2007, el Gobierno socialista cifró el impuesto de beneficio de las grandes empresas en un 30%, y el de las PYMES (Pequeñas y Medianas Empresas), en un 25%. Los grandes grupos empresariales, aprovechando resquicios legales y triquiñuelas, se morían de risa ante semejante legislación.

Recientemente se han publicado los datos de la tributación de las grandes empresas españolas a 31 de diciembre de 2011. Treinta y dos mil empresas declararon unos beneficios de ochenta y cinco mil millones de euros y pagaron a Hacienda tres mil millones. Es decir, el 3,5%. Como digo a veces en Twitter, ¡viva el vino!

Me gusta poner ejemplos para que las cosas se entiendan mejor. Ahí van un par de casos.

Fabricar prendas de vestir en China, Bangladesh, India o cualquier otro país con salarios y condiciones laborales anteriores a la Revolución industrial es muy barato. La confección de un vestido, que en España supone treinta euros, puede costar en uno de esos países diez euros. El beneficio sería, por tanto, de veinte euros. Si la fabricación la realiza una empresa española, tendría que pagar a la Hacienda pública siete euros de los veinte de beneficio. ¿Cómo evitan esa tributación? Creando una filial en un paraíso fiscal: las islas de Gran Caimán, por ejemplo, donde no se pagan impuestos. El vestido que se ha fabricado en Bangladesh con un coste de diez euros no llega a la matriz española, sino a la del paraíso fiscal, la cual factura a la española no diez, sino treinta euros. Creo que queda claro. Es la jungla de los listos.

Cuando una empresa tecnológica como Apple, Google, etc. se establece en España, utiliza un procedimiento muy sencillo para no pagar impuestos. Apple Estados Unidos cede la tecnología a Apple Gran Caimán a precio menor que el de mercado, y la filial del paraíso fiscal es la que venderá las tabletas en España a través de Apple España, una mera comisionista casi sin plantilla. Reciben la mercancía y la factura llega a nombre de Apple Gran Caimán. La oficina española solo se queda con una mínima comisión para gastos corrientes y personal. El beneficio de la venta de las tabletas se queda casi íntegramente en el paraíso fiscal y no paga impuestos. Pura jungla de listos.

A pesar de batir récords de ingresos en España, en 2012 Apple declaró pérdidas, igual que Google Spain. ¿Cómo lo hacen?

La multinacional de la manzana vendió ese año productos por valor de 2.012 millones de euros. Factura desde Irlanda y aquí tiene una delegación llamada Apple Marketing con una estructura mínima de personal que percibe una comisión por las ventas, exactamente el 1%. Ese año facturó veinte millones frente a los dos mil que vendieron.

Appel solo tributa en España por los veinte millones de su filial, cuando en teoría lo que debería pagar por el ejercicio de 2012 son 6,5 millones de euros; es decir, el 0,3% de la facturación total de España. Pero ni eso.

Los beneficios de esta delegación los compensaron creando otra sociedad llamada Apple Retail Spain, que obtuvo pérdidas. No solo no pagaron nada, sino que acumularon un saldo con Hacienda a su favor de cuatro millones de euros. ¡Para mear y no echar gota!

Veamos la venta por Internet de las grandes multinacionales, por ejemplo Zara. Recientemente se ha sabido que la facturación se realiza a través de Zara Irlanda, cuyo impuesto de sociedades es mucho más bajo que en España. Con muy pocos trabajadores, todo lo que Zara vende al mundo a través de Internet se factura a través de Zara Irlanda. Zara España factura a precio de coste a la filial irlandesa y esta vende al doble, tributando allí y no aquí. Avergonzados cuando se difundió la noticia, han decidido que las ventas por Internet para España tributen aquí. ¡Qué menos!

Otra fórmula para eludir impuestos consiste en inflar el valor de las compras que realizan las grandes entidades. Por ejemplo, si un banco quiere comprar otro banco, el valor de este siempre es bastante mayor que el real, porque, una vez realizada la operación, hay que pagar a un grupo de intermediarios que facturan por los servicios prestados, y ese dinero se deposita en Suiza o en otros paraísos fiscales, beneficiándose a veces directivos de las propias entidades.

En operaciones de miles de millones y en esta jungla de listos es norma inflar precios para pagar comisiones. El periódico *El Mundo* publicaba hace poco una noticia relacionada con la intermediaria en la operación de firma del contrato del AVE entre La Meca y Medina. Había cobrado por su intermediación ciento treinta y cuatro millones de euros.

Ya he hablado de Bankia. Los informes de las auditorías externas pagadas por las propias empresas llegan a decir que tuvo trescientos sesenta millones de euros de beneficios apenas tres meses antes de descubrir que tenía un agujero de veinte mil millones.

Parece evidente, pues, que las leyes están hechas a la carta para los ricos. No hace mucho leímos cómo Iberdrola aprovechaba una ley de Montoro para ahorrar mil quinientos millones de euros en impuestos. Pagando ahora el 5% (pan para hoy), las grandes empresas con instalaciones muy complejas, que son las únicas que se han podido acoger a esta medida en la práctica, ahorrarán casi seis veces más en impuestos a partir de 2015 (hambre para mañana).

EL DISCURSO DE LOS POLÍTICOS

Una de las cosas que con más insistencia me repiten los ciudadanos es que entienden lo que digo. Dicho de otra manera, la inmensa mayoría no entiende ni a los gobernantes ni a la oposición. El idioma español es riquísimo en palabras. Nunca falta una para definir adecuadamente un concepto cuando quien la pronuncia se propone decir la verdad.

Cuando bancos y cajas sacan a la venta un producto, lo llaman «preferentes» y lo venden como un valor seguro y con liquidez. Luego resulta que no es ni lo uno ni lo otro. Las palabras que definen la operación son estafa o robo. Y quienes lo idearon y lo pusieron en marcha son estafadores o ladrones. Porque quienes eligieron para un producto el sugerente nombre de «preferentes», en lugar de llamarlo «producto tóxico o de alto riesgo», son unos sinvergüenzas.

Cuando la economía decrece nos hablan de «crecimiento negativo», a pesar de que todo el mundo sabe que si menguas, no creces.

La ministra Fátima Báñez contestó a una pregunta sobre la emigración de cerebros que se está produciendo en España refiriéndose a la «movilidad exterior». La secretaria general de Inmigración, Marina del Corral, para no ser menos que su jefa, achacó la emigración de nuestros jóvenes al «impulso aventurero de la juventud».

Cuando Mariano Rajoy anunciaba un recorte de veinte mil millones de euros en educación y sanidad, advirtió que no eran recortes, sino «reformas estructurales».

Cuando deciden meter un recargo a las recetas farmacéuticas se inventan el concepto de «copago». Con lo fácil y certero que sería llamarlo «repago», porque se trata de pagar dos veces: una a través de los impuestos y otra en la farmacia. Y aún más: Artur Mas lo llamó «ticket moderador sanitario».

La reforma laboral, que permite despedir más fácilmente y más barato, se anunció como la «ley de flexibilidad del mercado de trabajo».

A la subida escandalosa del IVA, que afectó a todas las clases sociales de España, la calificó Montoro de «gravamen adicional», y doña Soraya Sáenz de Santamaría, de «recargo de solidaridad».

En palabras de Rajoy, el rescate de la Banca por un importe de cien mil millones de euros es una «línea de crédito». Y según Luis de Guindos, un «préstamo ventajoso».

Tampoco podemos olvidar la «desaceleración transitoria» de la que hablaba José Luis Rodríguez Zapatero cuando comenzó la recesión.

Pero para mí no hay caradura mayor que quien llama «céntimo sanitario» al recargo que prácticamente todas las comunidades autónomas han aplicado al litro de combustible. Quieren dar a entender que es para financiar la sanidad. ¡Vaya papo! Lo único real es que estamos ante un recargo autonómico sobre el precio de los combustibles.

En la antología de hablar para que nadie te entienda tiene un lugar de manual doña María Dolores de Cospedal, presidenta de la Comunidad de Castilla-La Mancha y secretaria general del Partido Popular, durante la memorable rueda de empresa en la que explicó a toda España el despido de Luis Bárcenas:

> Vamos a ver..., la indemnización que se pactó fue una indemnización en diferido, y como fue una indemnización en difi..., en diferido en forma, efectivamente, de simulación de... simulación o de lo que hubiese sido en diferido, en partes de una lo que antes era una retribución, tenía que tener la retención a la Seguridad Social que si no hubiera sido... Ahora se habla mucho de pagos que no tienen retenciones en la Seguridad Social, ¿verdad? Pues aquí se quiso hacer como hay que hacerlo.

Al releer este galimatías podríamos pensar que quien pronuncia estas palabras es una persona idiota. Pero no. Según nos dicen es abogada del Estado, título solo al alcance de personas muy inteligentes, a no ser que tuviera recomendaciones de medio mundo. Debemos suponer, por tanto, que si una persona inteligente dice estas cosas es porque piensa que los receptores del mensaje somos tontos, lo cual es aún más grave.

He aquí una de las últimas «perlas» lanzadas por el Gobierno: «Hemos garantizado la subida de las pensiones». Esta afirmación es escandalosa, porque, sencillamente, es falsa. La nueva ley garantiza una subida anual de las pensiones del 0,25%. Como la subida de la cesta de la compra en España no baja del 3%, las pensiones sufren una rebaja del 2,75% anual. Que no nos digan que han subido las pensiones el 0,25%. ¡Mentira!

Si estimamos que la pensión media en España es de setecientos euros mensuales, la subida supone que cada jubilado tendrá 1,75 euros más al mes. Como los precios subirán como mínimo un 2%, en realidad perderán 13,25 euros. Se calcula que, hasta 2022, con esta ley van a quitar a nuestras míseras pensiones unos setenta mil millones de euros

Yo mismo, que llevo media vida en la política, me quedo perplejo cuando escucho a esta clase política articulando palabras sin llamar a las cosas por su nombre. Este lenguaje es uno más de los motivos por los que existe un distanciamiento cada vez mayor con la ciudadanía.

La actuación de bancos y cajas

No sé si las instituciones financieras son conscientes de la imagen penosa que de ellas tienen los ciudadanos. Sinceramente, creo que se lo han ganado a pulso, como evidencia la crisis de las preferentes y otros activos tóxicos que han arruinado a más de un millón de personas.

En una situación de crisis pavorosa, con seis millones de parados y un 25% de la población en el umbral de la pobreza, resulta escandaloso conocer los sueldos millonarios que perciben los miembros de los consejos de administración bancarios y las prejubilaciones de los altos ejecutivos por valor de hasta treinta millones de euros. ¡Y no se les cae la cara de vergüenza!

Escandaliza que cuando las pequeñas empresas de nuestro país, asadas a impuestos y con la crisis abocándolas al cierre, no encuentran financiación para sobrevivir, los bancos reciban sesenta mil millones de euros para sanearse a cargo de todos los ciudadanos.

A esta imagen hay que sumar los desahucios de bancos y cajas, realizados sin ninguna sensibilidad. El sistema financiero español se lanzó a ofrecer créditos a diestro y siniestro al calor de la burbuja inmobiliaria y del dinero barato. Cuando llegaron los apuros y los hipotecados que perdieron su trabajo dejaron de pagar, se lanzaron sin miramientos a desalojarlos de sus viviendas.

¡Cuánto dolor han originado! ¡Cuántos desahuciados han llegado a hacer que personas pierdan la vida! ¿Cómo es posible la impunidad ante el cobro de intereses de demora en los créditos entre el 21 y el 27%?

Otra práctica de la mayoría de la Banca española ha sido la llamada cláusula-suelo de las hipotecas. La fórmula para los créditos hipotecarios solía ser el Euribor + el 1%. Cuando en 2008 el euríbor estaba al 3,5%, las hipotecas valían el 4,5%. Si aplicamos la misma regla, ahora que el Euríbor está al 0,5%, las hipotecas deberían valer el 1,5%. Pero no: ya se han encargado de poner en la letra pequeña que en ningún caso cobrarán menos del 3%.

El Tribunal Supremo ha condenado al BBVA y a una caja de ahorros a devolver cuatrocientos millones de euros por práctica abusiva, al considerar ilegal la cláusula-suelo.

Uno se pregunta por qué esta medida no es extensible a todas las instituciones financieras. Es más, mi opinión es que tendrían que devolver todo lo cobrado ilegalmente con carácter retroactivo. Porque podemos estar hablando de ochocientas mil personas afectadas por esta práctica de la jungla de los listos.

7
Reformas pendientes y urgentes

El Estado y las comunidades autónomas

Se dice, con razón, que España es un Estado burocrático con organismos absolutamente superfluos.

Soy un ferviente defensor de la descentralización política y económica. Creo que un problema se resuelve mejor desde la proximidad. Los países más desarrollados del mundo son aquellos que han delegado parte de sus competencias en entes territoriales: regiones o estados federales. De ahí que, como modelo, el sistema autonómico español fuese lógico en un principio. Pero otra cosa ha sido su evolución.

Con las excepciones como el concierto vasco y el régimen foral de Navarra, la constitución del sistema en España se realizó transfiriendo una gran parte de las competencias del Estado a las comunidades autónomas, creando para su gestión los Parlamentos autonómicos y sus respectivos Gobiernos.

En principio, los costes de este sistema no tienen por qué ser mayores y se gana en eficacia al acercar el poder a los ciudadanos. Si, por ejemplo, se transfieren todas las competencias de Sanidad que antes estaban en Madrid a las comunidades autónomas, se transfiere el servicio y el mismo personal. Si se transfiere el 50% de las competencias del Ministerio de Fomento, se transfiere la mitad de los servicios y la mitad de su coste. Y así con todos los ministerios.

Durante los dieciséis años en los que fui consejero de Obras Públicas y presidente de Cantabria, cuando viajaba a Madrid observaba cómo, a pesar de adelgazar la Administración central de competencias, en algunos casos al cien por cien, los ministerios seguían físicamente en sus sitios, con sus nombres pomposos en la fachada. Casi un kilómetro de edificios tiene en Madrid el Ministerio de Fomento en el Paseo de la Castellana... Pero lo llamativo es que siguen llenos de gente. Es evidente que se han duplicado edificios y personal. ¿Qué sentido tienen esos mastodónticos edificios de ministerios, algunos sin competencias, llenos de funcionarios?

En esta disfunción se trata de cargarle el mochuelo a las comunidades autónomas, las cuales han cometido —es cierto— muchos excesos, pero no son en absoluto las principales culpables de lo que está pasando. El sistema autonómico español ha contribuido al desarrollo espectacular de España desde que entró en vigor a principios de los años ochenta.

Conozco muy bien la comunidad autónoma de Cantabria, cuyo nivel de renta estaba a comienzos de los ochenta en el 70% de la media de la Unión Europea. Éramos un 30% más pobres. En 2011, cuando dejé la presidencia, estábamos en el 102,7. Es decir, éramos un 2,7% más ricos que la media de la Unión Europea. El sistema autonómico ha permitido que las regiones de España se hayan desarrollado espectacularmente en materia de infraestructuras viarias, deportivas y sanitarias.

Dicho esto, hoy resulta imprescindible una reestructuración del Estado para corregir duplicidades, reducir la burocracia y acabar con leyes antagónicas en una misma nación.

El Senado

Por ser claro desde el principio: el Senado es una institución carísima e inútil. Pudo tener algún sentido cuando se ideó como Cámara territorial, que habría servido para dirimir conflictos en una España tan plural. Pero nunca lo ha sido. Hoy, el Senado es un panteón viviente de elefantes, refugio de políticos a los que hay que colocar con buenas retribuciones y con las prebendas que otorga ser senador del reino de España. Algún senador ha tenido la gallardía de reconocer que allí no se hace nada.

La broma le cuesta al erario público casi sesenta millones de euros al año. Los senadores gozan de buenos sueldos y un montón de privilegios: viajes en *business* gratis por toda la península e islas adyacentes, complementos para vivienda, despacho, secretaria, asistentes... Recientemente se ha dotado a los 266 senadores de los mejores *smartphones* del mercado por importe de un millón de euros.

Las retribuciones de los senadores no están nada mal en los tiempos que corren. Reproduzco algunas.

SENADORES CON MAYOR RETRIBUCIÓN MENSUAL, INCLUIDO ALOJAMIENTO Y MANUTENCIÓN

NOMBRE	SENADOR	CARGO	RETRIBUCIÓN	GRUPO
Pío García Escudero Márquez	Madrid	Presidente Senado	11.222,68	PP
Juan José Lucas Giménez	Castilla y León	Vicepresidente 1.º	8.588,53	PP
Yolanda Vicente González	Álava	Vicepresidenta 2.ª	8.588,53	PS
Matías Conde Vázquez	Huelva	Secretario 1.º	8.101,29	PP
Ramón Rabanera Rivacoba	Álava	Secretario 2.º	8.101,29	PP
Carmen Alborch Bataller	Valencia	Secretaria 3.ª	8.101,29	PS
Manuel Plana Farran	Lérida	Secretario 4.º	8.101,29	PCIU
José Manuel Barreiro Fernández	Lugo	Portavoz	7.305,25	PP
Marcelino Iglesias Ricou	Aragón	Portavoz	7.305,25	PS

NOMBRE	SENADOR	CARGO	RETRIBUCIÓN	GRUPO
Jordi Vilajoana i Rovira	Cataluña	Portavoz	7.305,25	PCIU
José Montilla Aguilera	Cataluña	Portavoz	7.305,25	ENTESA
Joseba Zubía Atxaerandio	País Vasco	Portavoz	7.305,25	PEAJ PNV
Alberto Unamunzaga Osoro	Guipúzcoa	Portavoz	7.305,25	MIXTO

Fuente: elaboración propia.

Si al iniciar la actividad de cualquier día nos despertáramos con la noticia de que ha desaparecido el Senado, nadie lo notaría en España, salvo, naturalmente, los 266 senadores.

Las diputaciones provinciales

Las diputaciones son entes intermedios entre los ayuntamientos y las comunidades autónomas, herederas del centralismo de la época franquista. Consagrado el régimen autonómico por la Constitución, no tenía sentido su continuidad. En el caso de las comunidades autónomas uniprovinciales, las funciones de las diputaciones fueron absorbidas por el ente superior (Gobiernos regionales), pero no ocurrió así en las comunidades con varias provincias, que son la mayoría, pese a que su pervivencia no tiene sentido.

El coste de las más de cuarenta diputaciones provinciales que todavía funcionan en España supone casi tres mil millones de euros, contabilizando solo gastos de personal y gastos corrientes.

Son entidades caciquiles, cuyos presidente y diputados ni siquiera son elegidos en votación por los electores. Por si fuera poco, son frecuente fuente de escándalo como instituciones al servicio de los partidos para colocar a militantes de segundo rango que no tienen acomodo en los Parlamentos nacional y autonómicos o en el Senado. Son un nido de enchufados.

Todas las diputaciones están inmersas en escándalos, con el caso de Orense como buen exponente. Quien fuera presidente de esa provincia durante veinte años, José Luis Baltar, está imputado por el fiscal-jefe por haber enchufado a ciento cuatro personas en la diputación, la mayoría parientes, para garantizar la sucesión en el cargo de su hijo.

Las televisiones autonómicas

He aquí uno de los excesos del sistema autonómico. Los Gobiernos de todos los signos políticos en las diferentes comunidades autónomas lo primero que idearon fue la creación de televisiones, bajo el pretexto de fomentar la imagen de su territorio. En el fondo era un instrumento para glorificar la gestión del Gobierno de turno y colocar a personal adscrito a la causa. Recorriendo España, he podido comprobar el sesgo partidista de las distintas televisiones autonómicas; es igual en Madrid que en Valencia o Andalucía.

Hace tres años me invitaron a un programa de la Televisión del Principado de Asturias (TPA), cuya sede está en Gijón. Aparqué el coche junto a la maravillosa playa de San Lorenzo. Nada más bajarme, me rodeó bastante gente que me reconoció. Les pregunté que dónde estaba la TPA. Me miraron con cara de extrañeza, como si no les sonara el nombre, hasta que un paisano me dijo: «Yo creo que pregunta por tele Tini». «Tini» es el nombre popular con el que se conoce en Asturias al expresidente Vicente Álvarez Areces. Del mismo modo que Telemadrid era la televisión de Esperanza Aguirre.

A nadie le amarga un dulce. Y tener un medio de comunicación a su servicio vuelve loco a cualquier gobernante. Siempre te sacan inaugurando cosas y besando a niños. Sin embargo, el PRC (Partido Regionalista de Cantabria), que pactó ocho años con el PP y otros ocho con el PSOE, siempre puso como condición no poner en marcha una televisión a la carta en Cantabria. Porque el juguete de las televisiones autonómicas se ha convertido en un socavón sin fondo.

De las diecisiete comunidades autónomas, trece tienen televisiones propias, que cuestan al año mil seiscientos millones de euros. Cataluña cuenta con nada menos que ocho canales autonómicos, con un coste de doscientos sesenta millones de euros. La deuda de estas televisiones era, en 2011, de más de dos mil millones de euros, a pesar de recibir mil novecientos millones en subvenciones públicas.

Es un escándalo que recorten en sanidad, en educación, en apoyo a la dependencia, y que despilfarren el dinero de esta manera.

Las embajadas autonómicas

La Constitución española atribuye al Estado la competencia sobre las relaciones exteriores. España dispone de ciento veintinueve embajadas y noventa y siete consulados. Además, tenemos cien oficinas del Instituto de Comercio Exterior y otras tantas de Turespaña.

Estas oficinas y embajadas están al servicio del Estado; es decir, del Gobierno de España, de las comunidades autónomas, de los municipios y de los ciudadanos. ¿Qué pintan entonces ciento ochenta embajadas de las comunidades autónomas repartidas por medio mundo? En mi opinión, nada, salvo emplear a personas afines a los partidos políticos gobernantes.

El asunto no es menor, porque la broma cuesta ciento cincuenta millones de euros todos los años, amén del ridículo que hacemos ante los ojos del mundo. En estos momentos de recortes, la proliferación de embajadas autonómicas genera indignación entre los ciudadanos.

A la cabeza de este despropósito está Cataluña, que tiene cuarenta y ocho embajadas u oficinas en el extranjero. Solo el alquiler del local que ocupa en Nueva York cuesta noventa mil euros al año, pagados al tiempo que esa Comunidad recorta hasta alimentos a los niños que acuden a los colegios públicos sin recursos de sus padres. El Gobierno catalán gastó en 2012 más de veintisiete millones de euros para mantener estos chiringuitos.

Cuando yo era presidente de Cantabria acudí en un viaje institucional a México, en el que invité al presidente de ese país a visitar Cantabria y recoger la Medalla de Oro con la que mi tierra quiso reconocer la acogida que los mexicanos dieron en el pasado a nuestros emigrantes. A la llegada a la capital azteca me esperaba la embajadora de España, que me facilitó coche y negoció los términos de mi reunión con Vicente Fox. Todo salió a la perfección.

Todas estas duplicidades son superfluas y carísimas. Suprimiendo el Senado, las televisiones autonómicas, las diputaciones y las embajadas de las comunidades autónomas en el extranjero ahorraríamos dinero suficiente para no tener que reducir ni un euro de gasto en educación o sanidad.

La política europea: ¿hay vida después del euro?

El paso de los años ha transformado la idea de los ciudadanos europeos, en principio partidarios de la unión y hoy decepcionados. Y muy especialmente los españoles. ¿Qué ha pasado?

Hay que reconocer que los primeros años, tras la incorporación de España a la Unión Europea, fueron globalmente muy beneficiosos para nuestro país, aunque se hicieron concesiones enormemente perjudiciales para algunos sectores de nuestra economía, en especial para el sector lácteo.

Recuerdo que en 1986 me presenté en Bruselas acompañado por un periodista de *El Diario Montañés,* Jesús Serrera, hoy subdirector del periódico, para protestar contra la firma de compromisos que iba a suscribir el entonces ministro de Asuntos Exteriores, el señor Fernando Morán. Aquella firma consumó la defunción de la ganadería de leche en España, con un gran daño a Cantabria. Fue una concesión escandalosa a Francia.

España se vio obligada a no producir más de cinco millones de toneladas de leche cuando consumimos doce millones. A Cantabria se le impuso como tope el 10% de esos cinco millones. Como consecuencia, en mi tierra, donde en 1986 había veinte mil ganaderos de leche, la cifra no llega hoy a los dos mil productores.

Otro sector muy castigado fue el de la construcción naval, con una gran incidencia en la localidad cántabra de Astillero. La construcción naval, donde trabajaban quinientos operarios, se convirtió en un taller para pintar buques que apenas ocupa a cincuenta personas de subcontratas.

Llevo años denunciando los errores de la construcción europea. Ha sido como levantar una casa empezando por el tejado. Es una Unión Europea de los mercados y los especuladores, no de los ciudadanos. Bajo un paraguas que garantizaba la libre circulación de mercancías, trabajadores y capitales, se creó el euro como moneda común. Hace ya cinco años que avisé, en el Club Siglo XXI, de la crisis del euro que se avecinaba. Una moneda común para países con una disparidad de desarrollo económico y, por tanto, de rentas, enorme, sin un sistema fiscal similar, con endeudamientos muy distintos, con productividades absolutamente dispares... La crisis estaba cantada.

Por si fuera poco, un país miembro de la Unión Europea tan importante como Reino Unido se quedó con la libra como moneda y con la máquina de fabricarlas en manos del Banco de Inglaterra. Los demás perdimos nuestra autonomía para «jugar» con la política monetaria, que fue transferida al Banco Central Europeo, controlado por Alemania.

En esa Unión Europea de países ricos y pobres, con el euro como moneda única, Alemania tenía todas las de ganar. Es el país con la mayor productividad de la zona euro y tiene su gran baza en una balanza comercial con un buen superávit. El 65% de las exportaciones alemanas son para sus socios comunitarios. Es el gallo del corral. Exporta en euros a países del euro, por lo que no le preocupa una moneda fuerte. Pero, además, tiene otra ventaja enorme. Se financia prácticamente gratis. Con un endeudamiento público parecido en porcentaje al de España, consigna en sus presupuestos una cantidad ridícula para pagar los intereses de su deuda, mientras España ha de apartar todos los años más de treinta y cinco mil millones de euros de sus ingresos para amortizaciones e intereses.

Alemania emite deuda pública a corto plazo y a interés cero, cuando no a interés negativo. Es decir, encima hay que pagarles por financiarles. Es una situación insostenible. Si el euro sirve para que un alemán compre en España y un español en Alemania, el endeudamiento de los países que comparten la moneda debería tener el mismo coste para todos. En mi libro anterior ya reivindicaba la urgencia del eurobono. Naturalmente, para conseguirlo sería necesaria una política monetaria común y un control del endeudamiento por parte del Banco Central Europeo.

¿Hasta qué punto somos culpables solo los españoles de la gigantesca deuda exterior de España, cifrada en 1,8 billones de euros, cuando el propio Banco Central Europeo nos ha prestado casi gratis cien mil millones de euros, de los que hemos utilizado 61.366, eso sí, para sanear los bancos?

Otro de los fallos de origen de la construcción europea es el Reino Unido, un país que está pero no está. Hay que reconocer a los británicos un temor justificado a los alemanes. Han padecido, como el resto de Europa, dos guerras mundiales, y en las dos consiguieron no ser invadidos, aunque, eso sí, a costa de muchos horrores y destrucción.

Seguro que cuando se invitó a los ingleses a formar parte de la Unión Europea, estos debieron de pensar en el peligro de una Alemania liberada de gastos militares y dedicada a producir. Pensarían, tal vez, que ante la imposibilidad de una acción militar, podría producirse una invasión económica para controlar Europa. Dijeron sí, pero reservándose su libra, su Commonwealth y las competencias del Banco de Inglaterra intactas, amén de su *city* londinense, que es algo más que un paraíso fiscal.

Gran Bretaña tiene la mayor deuda pública de la Unión Europea, pero le da igual. Cuando tiene problemas de liquidez o necesidad de expansionar su economía, da órdenes para que la máquina de hacer libras meta horas extraordinarias y problema terminado. Se estima que, en los dos últimos años, Gran Bretaña ha tirado más de un 20% de su PIB en libras adicionales.

En un panorama mundial donde Iberoamérica crece a tasas superiores al 4%, Norteamérica y Japón al 2,5%, China e India al 7%, Rusia al 5%, e incluso África a más del 4%, la única zona del mundo en recesión o estancamiento es la Unión Europea.

Los países no incluidos en la zona euro reaccionaron ante la crisis de los años 2007 y siguientes con políticas expansivas de inversión, emitiendo moneda en cantidades ingentes. Europa hizo —y continúa haciéndolo— todo lo contrario bajo las férreas directrices de la canciller alemana Ángela Merkel.

Estados Unidos ha inyectado en los últimos años grandes cantidades de dólares a su economía y ya crece. Lo de Japón ha sido espectacular. Tras diez años de estancamiento, el ministro de Economía tomó el año pasado una decisión drástica: emitir el 30% del PIB japonés en nuevos yenes. Las consecuencias han sido fulminantes. Como es lógico, el yen se ha devaluado, con lo que ha abaratado sus productos en el mundo. Hoy Japón crece.

Por el contrario, la política europea de la señora Merkel somete a los ciudadanos a restricciones insufribles. Y llama la atención la complacencia de los países del sur de Europa ante este suicidio colectivo. Muy especialmente la de nuestro presidente Mariano Rajoy, el más disciplinado.

En algún lugar me preguntaron qué le diría yo a la señora Merkel si fuera el señor Rajoy. Cogí papel y bolígrafo y redacté esta carta:

Respetada canciller de la República Federal Alemana:

Créame que valoro mucho ciertas virtudes del pueblo alemán. Son ustedes muy trabajadores, disciplinados, organizados..., pero, con todo respeto, tienen ustedes de vez en cuando un «ramalazo». En los últimos cien años han provocado dos guerras mundiales que han arrasado Europa.

Afortunadamente, las perdieron. Los ganadores condonaron parte de las inmensas sumas indemnizatorias a las que tenían derecho y, además, colaboraron en la reconstrucción alemana. Eso sí, se les impuso la obligación de no tener más que un ejército simbólico, lo que, a la postre, fue otra ayuda, al liberarles a ustedes de la seguridad mundial con un coste militar que asumimos otros.

Hoy Alemania es la gran potencia económica europea. Su prosperidad se basa en una balanza comercial altamente favorable. Colocan en los mercados de sus socios comunitarios el 60% de sus ventas. Mi país, España, le compra a ustedes el 16% de esas exportaciones.

Por si fuera poco, el euro, más que moneda comunitaria, es la divisa alemana. Ustedes se endeudan a corto plazo a interés cero, y a largo, al 1,1%, mientras nosotros nos financiamos al 5%. Así no se puede seguir.

Si tenemos una moneda común, hay que empezar a sentar las bases de un Tesoro Común Europeo que haga posible que el coste del endeudamiento público sea también común con la emisión de eurobonos. Le recuerdo, señora Merkel, que Alemania tiene más deuda pública que España.

Admito, señora canciller, que en España nos hemos desmadrado y que nos va la jota más que a ustedes. Pero hemos hecho recortes terribles y la política de tijera y podadora que usted nos exige continuar nos deja en la ruina. Su riqueza se basa en los países que compramos sus productos. Si nos elimina la capacidad de compra, también ustedes lo van a sentir.

Por esa razón, en nombre de los españoles, le exijo que, además de racionalizar el gasto, encabece una política dinamizadora de la economía en Europa. Una política de solidaridad.

El instrumento está creado y tiene recursos suficientes. Se llama Fondo de Cohesión Europeo, que tan bien funcionó en los años setenta. Como es posible que no se fíe de nosotros, admitiríamos una supervisión drástica del destino de esas inversiones.

Si hay cien mil millones para rescatar la Banca, es decir, su banca, que es la mayor acreedora de la nuestra, debería habilitarse otra partida similar a intereses módicos, y quince años como a la Banca, para impulsar en España inversiones productivas generadoras de empleo. Yo le propongo estos ejes a apoyar: reanudación inmediata de la obra pública en España, que está parada; seguir modernizando España en carreteras, ferrocarriles, etc.; un programa de inversión en I+D para alcanzar los niveles de la Unión Europea y, sobre todo, lanzar el sector de las energías renovables.

Con esa inversión se crearían más de dos millones de puestos de trabajo.

En resumidas cuentas, nos comprometemos a ser rigurosos a la hora de cuadrar ingresos y gastos, pero si no hay inversión productiva, nos hundimos.

Alemania pasó por momentos muy duros y fue ayudada. España está con la soga al cuello y necesita que le aflojen el nudo.

Estoy seguro de que este planteamiento lo aprobarán la mayoría de los países miembros de la Unión.

Señora Merkel, le aseguro que mi país no acepta el suicidio. O se pone en marcha una política de inversión dinamizadora de la economía o rompemos la baraja.

Mariano Rajoy Brey

Quieren, y están consiguiendo, retrotraer nuestro nivel de vida y la prestación de servicios básicos a veinte años atrás, extendiendo la cantinela de que vivíamos por encima de nuestras posibilidades.

La salida del euro no es deseable para España, pero si siguen con la idea de castigarnos, plantearla podría hacer que Alemania meditase. La Unión Europea podría soportar la salida de Grecia y Portugal de la Eurozona, pero no la de España. Porque la salida de España sería el final del euro para todos. Algunos estudios cifran la salida del euro como primera medida en una devaluación de la peseta de un 20% en una primera etapa, lo que originaría serios problemas a corto plazo, pero beneficios a largo plazo.

Uno de los fallos históricos de nuestro país es no haber mantenido, más allá de los lazos históricos y lingüísticos, un área de comercio integrado con Iberoamérica. Gran Bretaña está integrada en Europa, pero también lidera una Commonwealth idiomática, política y económica. No me cansaré de repetir que nuestro país no ha sabido, o no ha querido, explotar un idioma que hablan quinientos millones de personas en el mundo y que a finales del siglo XXI será más hablado que el inglés, según algunos estudios serios. Nada une más que la lengua. Naturalmente, hay que aprender inglés, pero no lleguemos a autoflagelarnos por no saberlo. Al hilo de la patética intervención de nuestros representantes políticos, se ha llegado a especular que Madrid no fue elegida sede olímpica por no hablar inglés. Para nada. En todo caso, por el ridículo de hablarlo como Cantinflas, sin dominarlo. Dos de los representantes japoneses, que sí sabían inglés, hablaron en japonés y se llevaron la sede a Tokio. Además, hemos conocido que la preparación de los discursos de nuestros dignatarios se encargó a un gabinete de expertos norteamericanos, que nos sopló doscientos veinte mil euros. Nunca costó más caro hacer el ridículo.

Geográficamente, somos europeos, pero yo donde me siento en casa es en La Habana, en México o en Buenos Aires.

Hace cuatro años, el Racing se clasificó para la UEFA. Yo prometí que, si eso ocurría, iría a ver el primer partido con mi mujer y mis hijas, aunque nos tocara un equipo ruso. Nos tocó el Honka de Finlandia, no muy distante de Rusia. Y allí fuimos dos días. ¡Menudo contraste! Se comía a las doce y se cenaba a las seis. Por la noche no se veía a nadie en la calle. La gastronomía, rarilla. Me pareció muy triste vivir allí.

Un año después visité México. Concretamente, Cancún. En el hotel todos eran *yankis.* Llegaban a diario grandes barcos con jubilados norteamericanos que lo llenaban todo. Un día tuve que huir del restaurante y del *hall* del hotel porque todos me pedían bebida y atenciones, pensando que era un camarero.

En suma, los españoles nos sentimos mucho más identificados con Hispanoamérica que con Europa. De hecho, nuestras grandes empresas están salvando los muebles fuera de España, y no precisamente en Europa.

Nuestro país es el primer o segundo inversor en México, Brasil, Argentina, Chile, Colombia, etc. En los próximos años, el continente sudamericano vivirá un enorme crecimiento y ahí están las oportunidades de nuestro país.

Una política equivocada que se carga las energías renovables y la investigación y el desarrollo

Solo escuchamos hablar de recortes, mientras asistimos a una subida brutal de impuestos que pagan las clases populares: IRPF, IVA, recargo autonómico sobre carburantes, IBI, etc. Por la vía de bajar las retribuciones salariales y subir los impuestos, se están cargando la capacidad de demanda, que es el motor de la economía. Sin demanda, no hay producción ni empleo.

Nadie escucha a este Gobierno proponer medidas que estimulen el crecimiento. Y, sin embargo, son más necesarias que nunca. Es preciso romper el círculo vicioso en el que nos encontramos y atisbar dónde están las potencialidades de España para que el país pueda crecer y aspirar a ser competitivo.

Durante las últimas décadas, dos sectores han sido la clave de nuestro desarrollo: la construcción de viviendas y el turismo, amén de las exportaciones agrícolas. Tendrán que pasar muchos años antes de que el sector inmobiliario vuelva a generar empleo, y bastante tarea será la de dar salida a los cientos de miles de viviendas vacías. El turismo sigue y seguirá siendo uno de los principales activos de nuestro país, pero mantener los extraordinarios datos de 2013 ya supondría todo un éxito. Nuestras grandes empresas exportadoras van bien, pero la mayor parte del empleo en nuestro país lo generan las pequeñas y medianas empresas, que están con la soga al cuello. En el último año han cerrado, de media, noventa al día. No hay más que recorrer los pueblos y las ciudades de nuestro país para comprobarlo: el paisaje está marcado por los locales vacíos con carteles de cierre, se vende o se alquila.

En mi anterior libro ya apostaba por las energías renovables y el apoyo a la investigación y el desarrollo como sectores de futuro para nuestro país. España parte de un enorme hándicap respecto al resto de las naciones desarrolladas como consecuencia de su dependencia energética del exterior. En función de los precios del gas y del petróleo, cada año hay que pagar entre treinta y cinco mil y cuarenta mil millones de euros. Es una losa pesadísima.

Hoy sabemos que el futuro está en las energías renovables, tanto la eólica como la solar y la mareomotriz. España es un país con todas las condiciones para convertirse en pionero en esta materia.

Hace unos meses, el presidente estadounidense Barack Obama comparecía en rueda de prensa para achacar las cifras de crecimiento y la reducción del paro en Estados Unidos a la puesta en marcha de un gigantesco plan de inversiones en energías renovables. Alemania invirtió en 2012 en energía solar más que España en su historia. Gran Bretaña está poniendo en marcha quince mil megavatios en energía eólica. Hasta los países árabes están desarrollando grandes proyectos en esta materia. Y España, que no tiene petróleo ni para mecheros, apuesta por esta energía contaminante y con fecha de caducidad. El petróleo es salida de euros a borbotones, y de ella solo se benefician

Cepsa y Repsol, el Estado con sus impuestos y las gasolineras.

Pero lejos de rectificar esta política errónea, los actuales Gobiernos se cargan, por un lado, las energías renovables y anuncian, por otro, prospecciones petrolíferas en Canarias, además de agujerear España para obtener gas con un grave riesgo de alterar el ecosistema. Recientemente hemos conocido el impacto que sobre el medio ambiente y la seguridad de los ciudadanos tiene hacer prospecciones o el almacenamiento de gas en el subsuelo. El caso Castor es el más llamativo.

Voy a relatar una de las operaciones más lamentables que han llevado a cabo el Gobierno del PP y el anterior en sus últimos años de gestión. En 2007, el entonces presidente del Gobierno, José Luis Rodríguez Zapatero, tuvo unos meses de «fiebre verde» cuando afirmó que el futuro de España estaba en las energías renovables. Firmado por el Ministerio de Industria-Gobierno de España, publicaron anuncios en toda la prensa nacional, en radios y televisiones en los que aparecía el siguiente texto: «¿Por qué es bueno invertir en una instalación fotovoltaica?». Y seguía: «Porque [...] la rentabilidad de su inversión es razonable, pudiendo superar en ocasiones el 9%, considerando un plazo de veinticinco años. Los bancos aportarán una financiación sustancial del 80% de la inversión. Cuando usted realiza esta inversión está contribuyendo al desarrollo sostenible de su comunidad y de su país, ya que está evitando la emisión de CO_2 a la atmósfera».

Ante esta llamada patriótica, cincuenta y cinco mil familias españolas invirtieron sus ahorros en la producción de energías renovables. Pusieron, como decía el anuncio, un 20% de la inversión y suscribieron créditos por el 80% restante con los bancos hipotecando sus viviendas como garantía. Estos ciudadanos actuaron con el convencimiento de que el Estado respetaría sus compromisos y con la convicción de estar orientando sus esfuerzos a una inversión ética, responsable y comprometida con el entorno y con las sociedades presentes y futuras.

Más del 90% de la potencia fotovoltaica está ubicada en entornos rurales, lo que ha contribuido a generar empleo y riqueza en muchas zonas desfavorecidas. Este tipo de energía, además de ser limpia, renovable y sostenible, fija población en esos entornos. En suma, contribuye a un desarrollo sostenible.

El Eurobarómetro publicó en enero de 2012 los resultados de una encuesta realizada a 25.525 ciudadanos de la Unión Europea. En ella se constataba que el 70% de los europeos quiere que se prioricen las energías renovables en sus respectivos países. En España es más del 81%.

Pero el Gobierno aprobó el pasado 12 de julio una reforma traumática del sistema eléctrico español que defenestra a esos cincuenta y cinco mil inversores que creyeron en el Gobierno. Esas familias tienen avalados en los bancos veinte mil millones de euros. Sin primas, este «negocio» está abocado a la liquidación y a su subasta pública. ¿Quién acabará quedándose con las instalaciones montadas? Seguro que el monopolio eléctrico.

Se comenta que esta nueva legislación energética, que la gran mayoría rechaza, está propiciada por la Fundación FAES, mentora ideológica del PP y presidida por José María Aznar, curiosamente consejero de Endesa. No potenciar las energías renovables es un error mayúsculo. Es una torpeza y un entreguismo a los monopolios que mueven el mundo.

Más allá de las razones económicas, está en juego la supervivencia del planeta. Dos mil científicos integrados en el Grupo Intergubernamental del Cambio Climático (IPCC), creado por Naciones Unidas, acaban de publicar en Estocolmo unas conclusiones demoledoras. Dicen que el hombre es el principal actor del cambio climático y advierten de que los daños causados hasta ahora —subida del nivel del mar, contaminación y derretimiento de los glaciares— se mantendrán durante siglos si los Gobiernos no toman conciencia de que el calentamiento es real y muy grave.

Dependiendo del escenario, entre el 15 y el 40% del CO_2 emitido puede quedarse en la atmósfera. Según sus previsiones, en los próximos ochenta años el nivel del mar subirá entre veintiséis y ochenta y seis centímetros, y la temperatura aumentará 4,8 grados.

Este organismo, que agrupa a los más prestigiosos científicos del mundo, insta a los Gobiernos a actuar urgentemente como bomberos y no como pirómanos. Recomienda una sustitución urgente de la energía contaminante, fundamentalmente el petróleo, por energías renovables.

La jungla de los listos ya ha comenzado a movilizarse con informes de científicos catequizados. Matilde Rusticucci, argentina, es quizás la mayor experta en cambio climático de ese grupo de expertos de la ONU. Recientemente ha declarado: «Los escépticos no tienen pruebas, pero tienen más prensa».

Este sector, además de liberarnos de una parte de ese coste brutal que suponen el petróleo y el gas, será en los próximos años la industria más fuerte en creación de empleo.

El otro sector que debería potenciarse de forma prioritaria es la investigación y el desarrollo. Ahí está el futuro. Pero, al igual que con las energías renovables, el Gobierno actúa en la dirección contraria. Y estamos volviendo a ese pasado en el que se popularizó la frase «que inventen ellos». Desde 2009, la inversión pública en I+D se ha reducido en dos mil millones de euros. Estamos perdiendo competitividad tecnológica a velocidad de vértigo. Mientras España ha perdido más del 40% de la financiación pública, Alemania ha aumentado la inversión en I+D un 70% y ya roza el 3% del PIB. Cien científicos han hecho público recientemente un documento en el que denuncian el colapso de la investigación española.

Cómo luchar contra la corrupción

Situada la corrupción como una de las tres cuestiones que más preocupan a los ciudadanos, voy a abordar las medidas que yo estimo urgentes para paliarla, partiendo de la base de que erradicarla de manera absoluta es imposible. En la condición humana anidan el egoísmo, la codicia, el ansia de dinero y lujo. Naturalmente, en unos más que en otros. Como dice el dicho popular, a nadie le amarga un dulce.

Partiendo de esta realidad, los poderes públicos y las instituciones han de poner en marcha mecanismos para disuadir a las personas de «meter la mano», e imponer castigos ejemplarizantes.

La corrupción debe ser abordada en tres frentes: el educativo, el preventivo y el represivo. En el aspecto educativo, desde la infancia, en casa, en la escuela, en la universidad... Tenemos que mentalizar a niños y a jóvenes de la rentabilidad social de actuar con ética y fomentar en su formación los valores de convivencia y solidaridad. Comprendo que quienes me lean dirán que con esta medida poco podemos lograr, y es cierto en el plazo inmediato, pero la educación en valores es fundamental en las primeras fases de nuestra vida, pues son las que determinan en gran medida los comportamientos futuros.

Desde la óptica preventiva, podemos luchar contra la corrupción con una legislación que dificulte las prácticas corruptas y que contemple medidas durísimas capaces de conseguir que quien tiene tentaciones se lo piense dos veces, que sepa que el castigo será rápido y contundente. Una administración transparente, con funcionarios ajenos a los políticos que apliquen las resoluciones con conocimiento de lo que se hace por parte de los ciudadanos dificultaría la actuación de los corruptos. La transparencia constituye la primera herramienta de lucha contra esta lacra. Cuanto mayor sea la facilidad de acceso a los datos, más difícil será el empleo de subterfugios o componendas.

Cuando escribo estas líneas se encuentra en trámite de aprobación en España una Ley de Transparencia. Pero todo apunta a que su alcance va a ser muy limitado. Mala señal es que haya llegado solo con el apoyo del grupo que sostiene al Gobierno.

Como con la educación y la prevención no es suficiente, resulta vital un cambio radical en las medidas represivas. La impresión mayoritaria de los españoles es que esto no funciona. Quien la hace, no la paga. Las cárceles están llenas de robaperras, pero a quienes se lo llevan crudo, salvo alguna excepción, no les pasa nada. Comparto absolutamente el desaliento y el escepticismo que esto provoca en la sociedad española como consecuencia de la lentitud de la justicia y su politización.

El Código Penal sanciona las conductas de corrupción. Se castiga el cohecho (soborno), la malversación de caudales públicos, el tráfico de influencias y la prevaricación (tomar una decisión injusta a sabiendas). Curiosamente, no incluye algo suscrito por España en las Naciones Unidas y que la mayoría de los países democráticos tipifican como delito: el enriquecimiento injustificado. ¿Cuántos podrían ser pillados si fuera obligatorio justificar lo que tienen a nombre propio y de familiares y testaferros? A todos nos llama poderosamente la atención ver cómo personas de nuestro entorno han prosperado espectacularmente en poco tiempo.

Bueno sería introducir legislación que aminore las penas de quienes ofrecen pruebas concluyentes para la investigación y el castigo de la corrupción.

¿Por qué es tan lenta la justicia? En primer lugar, a causa de la Ley Procesal. Por más que haya sido reformada varias veces, se remonta a 1882 y descansa todo el protagonismo de la investigación en el juez instructor. Esto nos lleva a situaciones como la del proceso contra el expresidente de la Diputación de Castellón, el famoso Fabra, que lleva tramitándose doce años y ha pasado por las manos de diez jueces.

En segundo lugar está la sobrecarga de trabajo. No tiene sentido que los jueces que se ocupan de casos de corrupción, como los de Marbella, Palma de Mallorca, Gürtel, Gao Pin, etc., tengan que simultanear su trabajo con el despacho ordinario de otros asuntos de menor calado: robos de poca monta, fraudes de un bar con el IVA o peleas en una discoteca.

Las últimas reformas legislativas impulsadas por el Gobierno de España, en especial del Ministerio de Justicia, y quien lo encabeza, su ministro Alberto Ruiz-Gallardón, han dejado en la calle a más de mil quinientos jueces sustitutos y magistrados suplentes, que han venido ejerciendo funciones judiciales con plena dedicación y preparación, en muchos casos desde hace treinta años, y en condiciones laborales inaceptables. Además, han obviado el dato esencial de que estos funcionarios interinos han asumido el dictado del 30% de las sentencias, lo que inevitablemente está repercutiendo de forma muy negativa en la administración de justicia, con el consiguiente menoscabo y dilación de los procedimientos judiciales y con el único objetivo de disminuir el gasto público.

Por si fuera poco, y sin sonrojo alguno, el Gobierno incumple de forma grave y manifiesta el Derecho nacional y el de la Unión Europea sobre contratación de duración determinada, al no atender a la previsión en ellos contemplada de permitir un proceso de consolidación de empleo colectivo mediante concurso oposición, desaprovechando con ello una gran cantera de profesionales experimentados, a todas luces necesarios, que se han visto abocados a percibir la prestación por desempleo, con el consiguiente gasto para las arcas públicas.

Una Fiscalía Anticorrupción, que ya existe, potenciada y dotada con jueces y fiscales dedicados a los grandes delitos sería de una eficacia demoledora. Y su coste, muy rentable por la cantidad de dinero oculto que podría descubrir. Naturalmente, esta Fiscalía Anticorrupción estaría dotada de inspectores de Hacienda y de una Policía experta en delitos monetarios y fraude.

Incluyendo en el Código Penal el delito de enriquecimiento y dotando a esta oficina de fiscales, inspectores y policías, estoy seguro de que, amén de recaudar miles de millones de euros, se pondría entre rejas a docenas de «honorables» ciudadanos. Bastaría con visitar Puerto Banús, el puerto de Palma de Mallorca y demás lugares donde veranea la *jet-set.* Averiguar quiénes son los propietarios de esos yates de cincuenta millones de euros y de esas mansiones propias de jeques árabes.

En la asignatura de Hacienda Pública que estudié cuando cursaba en la Facultad de Ciencias Económicas, se indicaba en el capítulo dedicado a detectar el fraude que uno de los métodos más eficaces eran los «signos externos». Porque a quien tiene dinero se le nota. Por el humo se sabe dónde está el fuego.

Antes de conocer que Bárcenas tenía más de cuarenta millones de euros en Suiza, ya llamaba la atención que, sin haber heredado ni haberle tocado la lotería, fuera propietario de tres mansiones en Marbella, Baqueira y Madrid, pagadas a tocateja.

Otra constante que alarga los procesos es el nombramiento de abogados de reconocido prestigio por parte de los presuntos delincuentes con capacidad económica. Se dotan de una representación legal que se las sabe todas y que utiliza recursos y más recursos para dilatar la convocatoria de los juicios, de modo que, demasiadas veces, cuando llega la condena, han prescrito los delitos.

Ya me he referido al caso del actual presidente de Telefónica, César Alierta. Uno de los más escandalosos ocurridos en España y que sirve como ejemplo del truco de la prescripción del delito fue el protagonizado por Alberto Cortina y Alberto Alcocer, los populares «Albertos», famosos por sus gabardinas y por haberse casado con las millonarias hermanas Koplowitz.

Los «Albertos» fueron condenados por el Tribunal Supremo porque engañaron a sus socios en la venta de los terrenos en los que se construyeron las torres Kio de Madrid. En concreto, Cortina y Alcocer cobraron del comprador 231.000 pesetas por metro cuadrado, y los propietarios minoritarios, 150.000. Cerrada la operación en el año 1987, supuso un quebranto para los vendedores de cuatro mil millones de las antiguas pesetas. Los perjudicados presentaron una querella por estafa, y en 1993 la Audiencia Provincial de Madrid declaró los hechos prescritos.

El Tribunal Supremo enmendó la plana a la Audiencia y condenó a los «Albertos» a tres años y cuatro meses de prisión cada uno. ¿Alguien puede entender que el tema estaba concluido? Pues no. El Tribunal Constitucional, que está para interpretaciones de nuestra Carta Magna, aceptó el recurso de los abogados defensores y —¡oh, milagro!— anuló la sentencia del Supremo por estimar que el delito de estafa por el que fueron condenados había prescrito. ¡Para orinar y no echar gota!

Otro factor que influye en la lentitud de la justicia es la demora, muchas veces interesada, de personas, bancos y empresas a la hora de remitir la información requerida por los jueces. No digamos cuando se trata de pedir datos al extranjero. Una petición a Suiza tarda más de un año.

También hay que tener en cuenta que estos delitos, a diferencia de los crímenes, no se descubren en caliente. A veces pasan años hasta que se tienen noticias del hecho corrupto, lo que trae consigo un doble efecto: primero, que las pruebas no sean fáciles de encontrar y, segundo, hay que añadir el tiempo transcurrido desde que se cometió el hecho en la fase de investigación y el día del juicio.

Hay otras dos cuestiones que desmoralizan al pueblo: a los condenados muchas veces no les pasa nada y el dinero robado no aparece nunca. Una vez que la sentencia es firme y se ha decidido la pena, resulta que no tiene por qué empezar a cumplirse. Los condenados pueden pedir el indulto al Gobierno y este concederlo sin motivación alguna.

Son frecuentes los indultos en casos de prevaricación o malversación de caudales públicos. Podemos imaginarnos el estado de ánimo de jueces, fiscales y policías cuando se dan cuenta de que su trabajo no ha servido para nada. A veces el indulto no es solo de cárcel, sino también de inhabilitación política, de manera que un alcalde o un concejal condenado puede presentarse de nuevo a las elecciones.

Pero esto no es todo en las penas de prisión. Suponiendo que el condenado llegue a ingresar en el centro penitenciario, se le puede conceder el tercer grado para que solo tenga que ir a la cárcel a dormir, y a veces ni eso. Así por ejemplo tenemos casos como el de los antiguos presidentes de Ferrocarriles de la Generalitat de Cataluña, que fueron condenados a cuatro años y seis meses de cárcel por malversación de 2,7 millones de euros y que salieron de prisión a los cuarenta y ocho días sin haber devuelto el dinero.

Hay otros casos escandalosos cuya evolución judicial demuestra la necesidad de un cambio urgente.

El caso por el terrorismo de Estado de los GAL comenzó en 1983 y se prolongó hasta 1998. Es decir, quince años en los que fueron condenados a prisión el exministro Barrionuevo y el exsecretario de Estado Rafael Vera. En cuanto llegó José María Aznar al Gobierno, los indultó.

El caso de Luis Roldán fue otro escándalo mayúsculo. Quedó probado que quien fuera director general de la Guardia Civil trincó dos mil millones de pesetas en comisiones. El juicio se celebró cinco años después y fue condenado a treinta y un años de prisión y a devolver los dos mil millones robados. Estuvo en la cárcel poco más de cuatro años y no devolvió ni una peseta. Operación redonda.

La corrupción urbanística de Marbella, conocida judicialmente como caso Malaya, permaneció durante ocho años en trámite judicial. A punto de concluir la redacción de este libro, en octubre de 2013, sale a la luz pública la sentencia desmoralizante. Ochenta y cuatro acusados se sentaron en el banquillo tras tres años de juicio. A pesar de que el tribunal sentencia que en el Ayuntamiento de Marbella se instauró «un sistema de corrupción generalizado», con quebranto para las arcas públicas de más de mil millones de euros, la sentencia deja en un mal lugar a la Fiscalía, que pedía quinientos nueve años de cárcel, limitándolos a ciento veinticinco años y exculpando a la mitad de los imputados. La opinión pública se queda perpleja ante el hecho de que el jefe de una trama corrupta, para quien el fiscal pedía treinta años, sea condenado a apenas once años y que cuarenta de los acusados sean absueltos.

Amén de un fallo más o menos justificado, aquí se dan todos los ingredientes que yo denuncio sobre el funcionamiento de la justicia: una Fiscalía Anticorrupción escasamente dotada de medios, demora de los procesos, juzgados saturados, temas prescritos, etc. La sentencia nos indica que los procedimientos deben ser aligerados.

Luego de la leve condena queda otra sospecha. No se recuperará el dinero robado y el tiempo que los condenados pasarán en la cárcel será muy escaso.

La intoxicación masiva por el aceite de colza, que afectó a veinte mil personas y provocó setecientas muertes y miles de personas afectadas con secuelas graves, tardó ocho años en enjuiciarse y creo que ya no queda nadie en la cárcel.

En 1991 se descubrió la financiación ilegal del PSOE, el conocido como caso Filesa. Tras seis años de periplo judicial, se condenó a dos personas, un senador y un exdiputado. Fueron indultados al poco tiempo.

No menos escandalosa fue la financiación ilegal de Unió Democrática de Cataluña, el partido de Duran i Lleida. La instrucción del caso comenzó en 1999 y se resolvió en 2013, casi catorce años después. El juicio no llegó a celebrarse. Unió aceptó devolver 388.000 euros de los 600.000 presuntamente trincados y se acabó la historia. Los comisionistas, a casa.

La cooperativa de viviendas de UGT —el caso PSV (Promoción Social de Viviendas)— es otro buen ejemplo. Fue un fraude y la apropiación indebida de casi veinte mil millones de pesetas. En 1993 la promotora suspendió pagos y dejó en el aire a casi veinte mil personas. El proce-

vive en Venezuela, bajo la supuesta protección de las autoridades de ese país. *Interviú* publicó en 2010 las fotos de su nueva fisonomía, tras haberse hecho la cirugía estética.

Francisco Briones vive en Madrid y, como un devoto ciudadano, acude todos los días a misa a un templo próximo a la urbanización Conde de Orgaz.

Mientras tanto, los quinientos mil afectados siguen sin respuestas siete años después.

Para acabar con situaciones como las descritas, son necesarias medidas. A mi juicio, las siguientes:

1. Elaboración de una Ley de Transparencia con el máximo consenso, que obligue a todas las administraciones públicas a poner a disposición de los ciudadanos sus cuentas y decisiones. Esta obligación de transparencia debe incluir a los políticos y, por supuesto, al rey y su familia.
2. Una nueva Ley de Enjuiciamiento Criminal que garantice la actuación del juez como árbitro y delegue la investigación en la Fiscalía, con la Policía Judicial a su cargo.
3. Creación de unidades de investigación formadas por policías, inspectores de Hacienda, expertos informáticos, etc., bajo la dirección de fiscales expertos en delitos de corrupción.
4. Creación de retenes de jueces y fiscales para atender los asuntos ordinarios en aquellos juzgados o fiscalías que investiguen procedimientos de corrupción.

5. Publicación de una Ley de Indulto que limite el derecho de gracia del Gobierno a casos excepcionales y nunca a delitos de corrupción. El indulto debería ser motivado y contar con la aprobación del juez o jueces que dictaron la condena. Desde 1996 el Gobierno ha indultado a más de once mil condenados. Curiosamente, los delitos de prevaricación, malversación y atentados al medio ambiente son los más habituales.
6. Modificar la ley y el reglamento penitenciario de manera que en los delitos de corrupción no quepa el tercer grado.
7. Cumplimiento íntegro de la pena mientras el corrupto no haya devuelto el dinero robado.
8. Introducir el delito de enriquecimiento injustificado o ilícito para castigar el incremento de patrimonio que no se corresponda con los ingresos.
9. Acabar con la sospecha, hoy más que razonable, de una justicia politizada. El máximo órgano de gobierno de los jueces, el Consejo General del Poder Judicial, y los miembros del Tribunal Constitucional los nombran los partidos políticos, y al fiscal general del Estado, el Gobierno.

Lo que ya sabemos que no funciona

Una inmensa mayoría de los españoles compartimos criterios sobre aquello que no funciona.

No funciona un sistema económico que no garantiza que las diferencias sociales sean cada vez menores y que no tiene como meta la justicia y la igualdad.

No funciona un sistema que permite que cada día mueran de hambre en el mundo sesenta mil personas, la mitad niños, mientras se gastan diariamente tres mil quinientos millones de dólares en armas.

No funciona un sistema que provoca crisis que siempre pagan los más desfavorecidos, mientras los ricos se hacen más ricos. Un sistema que no castiga con rigor a los corruptos y que ampara a la jungla de los listos.

No funciona un sistema que adultera la voluntad popular a través del embobamiento de la población, controlando los medios de comunicación en poder de las oligarquías.

No funciona un sistema que permite la existencia de paraísos fiscales desde cuyos centros financieros se desestabilizan vidas y haciendas.

Según el programa de Naciones Unidas para el desarrollo, un 20% de los individuos más pobres del planeta solo tienen el 1,1% de la renta mundial. Las cien personas más ricas del mundo reúnen un patrimonio de un billón 884.000 millones de dólares, o lo que es lo mismo un billón 399.000 millones de euros, según la lista de la revista *Forbes* de 2013. El PIB de España es un 40% menor que la fortuna de estos cien millonarios.

Los últimos cien años de la humanidad han estado regidos por dos sistemas políticos y económicos con variantes coyunturales: el capitalismo y el comunismo. El capitalismo, que ha regido los destinos de nuestro mundo occidental, tuvo sus momentos más gloriosos tras la Primera Guerra Mundial en Estados Unidos, hasta que ocurrió el *crack* en octubre de 1929, con la quiebra de los bancos, el hundimiento de la Bolsa, el cierre de empresas y un paro superior al 30% de la población. Sin embargo, todo parecía ir sobre ruedas, hasta el punto de que el presidente de Estados Unidos, Herbert Hoover, en el tradicional discurso a la nación pronunciado en abril de ese año 1929, dijo: «Nunca nuestro país ha estado más cerca de la prosperidad absoluta».

¿Qué ocurrió? El capitalismo imperante, heredero del liberalismo económico del siglo XIX, sin ningún control por parte del Gobierno, con un mínimo sistema impositivo corrector de la riqueza, había propiciado la acumulación de las rentas en manos de unos pocos. En 1929 el sistema productivo americano ya estaba a pleno rendimiento. Cuando los que acumulaban rentas satisficieron sus necesidades de consumo, la inmensa mayoría que carecía de recursos no pudo mantener una demanda sostenida y se produjo el colapso.

Todo parecía indicar que era el fin del sistema capitalista. Pero llegó un flotador en la persona de un inglés apellidado Keynes. Este genial economista corrigió los defectos del sistema y sus teorías fueron puestas en marcha: intervención del Estado en la economía, un sistema impositivo para corregir las desigualdades, programas masivos de inversión pública en infraestructuras, etc.

Hoy el capitalismo ha vuelto a su aspecto más depredador. Es un capitalismo financiero. Las leyes del mercado manejadas por los especuladores han conducido a un mundo peor, que ha requerido el rescate de entidades financieras con un coste de miles de millones de euros que hemos pagado los ciudadanos de a pie. Se han privatizado las ganancias y se han socializado las pérdidas.

Los que se han embolsado fortunas con esta política le han cargado el mochuelo a las víctimas. Resulta indignante que para tapar sus agujeros hayan aparecido masas ingentes de dinero y, al tiempo, no lo tenemos para la sanidad, la educación, la investigación y el desarrollo o para afrontar un cambio en el modelo energético.

En resumen, el actual sistema capitalista nos ha llevado al desastre. La crisis no es solo económica; es social y política, es alimentaria, es de valores... La gente está más que indignada. Está encabronada. Pero no se protesta de manera masiva. Hay una campaña de acojonamiento del personal, como si estuviésemos ante un fatalismo inevitable. Y se distrae a la gente con fútbol, motos, carreras de coches, programas de miserias humanas, etc.

El otro sistema, el comunismo y sus variantes, no solo no ha traído bienestar, sino que ha reprimido libertades y ha causado mucho dolor y muerte.

Voy a relatar una experiencia personal. En 1987 era alcalde de Torrelavega el socialista José Gutiérrez Portilla, amigo mío, que en pleno embargo a Cuba se destacaba por sus frecuentes viajes a la isla. Se dedicaba a mandar a Cuba autobuses viejos, alimentos y medicinas. Allí le recibían como a un héroe e incluso le pusieron su nombre a una calle.

Todo el mundo sabe que soy fumador de puros, y si son habanos, mejor. Un día le dije a Pepe Portilla que tenía intención de viajar a La Habana y que mi ilusión era visitar la fábrica de Partagás, donde se elaboran los mejores puros del mundo. Pepe me aseguró que sería recibido con todos los honores. Me consta que anunció mi llegada en Cuba diciendo que era diputado nacional, cosa que no era cierta: era diputado de Parlamento de Cantabria.

Cuando llegué al aeropuerto de La Habana, a pie de avión me estaba esperando el alcalde, que se apellidaba Chaves, y la directiva del Comité del Poder Popular de la ciudad. Estaban empeñados en que me alojara en los aposentos que el Comité tenía en la ciudad para «hombres ilustres». Yo les dije que tenía reserva en un hotel, que prefería que me dejasen a mi aire y que lo único que podían hacer por mí era enseñarme la fábrica de puros. Aceptaron mi planteamiento y me pidieron celebrar una reunión con el Comité del Poder Popular durante mi último día en Cuba para trasladarles mis impresiones de lo que había visto. Accedí.

Alojado con mi gran amigo Lin, fallecido en 2013, en el hotel Habana Libre, al día siguiente alquilamos un coche para movernos por la isla. Yo tenía datos macroeconómicos de Cuba: por ejemplo, que solo producían el 20% de la leche que consumía.

El primer itinerario fue La Habana-Varadero, a ciento cincuenta kilómetros de distancia. Me llamaron la atención las inmensas llanuras que había entre el mar y la carretera, con unas hierbas altas y de mala calidad. El terreno llano en zonas de sol y lluvias parecía idóneo para tener miles de vacas pastando. Pero no las veía por ningún sitio, hasta que a una cierta distancia divisé una docena de ellas. Eran parecidas a la raza frisona.

Alrededor de un cobertizo de madera había una parcela de unas veinte hectáreas bastante bien cuidada. Aparcamos el coche y rápidamente apareció el ganadero, que nos saludó muy cariñosamente cuando le dijimos que éramos españoles. Nos comentó que su abuelo era de Galicia. Yo le pregunté por qué no había cientos de vacas como las suyas pastando en las miles de hectáreas que abarcaba mi vista.

—Mire, señor —respondió—, no tenemos maquinaria ni fertilizantes, pero es que, además, a mí me pagan doscientos pesos al mes, produzca mucho o poco. Todas las mañanas un camión pasa a llevarse la leche para el Estado, y cuando nace un ternero, lo mismo. Como comprenderá, me da lo mismo producir mucho o poco. Si me dejaran vender mis productos en un mercado libre, podría producir muchísimo más.

A lo largo del viaje, cada vez que parábamos en algún lugar, se acercaban gentes ofreciéndonos de todo: puros falsos, huevos, plátanos... Hubo uno que se empeñó en colocarnos un puerco pequeño que llevaba en el saco antes de que se lo requisaran. Aquello era un mercado persa.

La víspera de mi regreso a Cantabria me recogieron en el hotel para llevarme a la sede del Comité del Poder Popular de La Habana y contarles mis impresiones. En un salón de un edificio colonial del centro de la ciudad me esperaban expectantes los miembros de la cúpula del Partido Comunista. Recuerdo que mis primeras palabras fueron estas:

—¡Esto es un desastre!

Les conté lo que pensaba de esos ciento cincuenta kilómetros de terrenos baldíos, naturalmente sin dar pistas de mi encuentro con el único ganadero que vi. Les dije que me parecía increíble que con la tierra y el clima de Cuba no fuesen capaces de producir más que el 20% de la leche que se consumía en la isla.

—Yo me comprometo a daros una solución a este problema —añadí. Y se apresuraron a sacar papel y bolígrafo—. Yo vengo de una tierra llamada Cantabria que produce el 10% de la leche de España. El año pasado (era 1987) hemos entrado los españoles en la Unión Europea, que tiene cosas positivas y negativas. Entre las negativas está la puñalada que han dado al sector lácteo al ponernos una producción máxima de leche de cinco millones de toneladas cuando consumimos el doble. Las famosas cuotas. Esta medida ha afectado sobre todo a Cantabria. Muchos ganaderos van a abandonar la actividad. Yo me comprometo a traeros cuatrocientos pasiegos, que son los que más saben de vacas, y ellos os inundarán Cuba de leche. Eso sí, les tenéis que dar a cada uno quinientas hectáreas en propiedad entre La Habana y Varadero, tierras ahora improductivas, y que les dejéis vender la leche, la mantequilla, los quesos y los terneros en el mercado libre.

Como si fuera un orfeón contestaron:

—Aquí no existe propiedad privada y lo que se produce es del Estado.

Les enumeré todos los fallos de un sistema que no prima la productividad ni el esfuerzo. Fue un diálogo de besugos. Naturalmente, me despidieron con muy mala cara.

Como resumen de estas reflexiones podemos convenir que el comunismo, basado en una injusta igualdad, se ha cargado el desarrollo y la libertad. Y el capitalismo, basado en una aparente libertad, se ha cargado la igualdad y la justicia.

8
Lecciones de vida

El banco de los pasiegos

Los pasiegos son una etnia cántabra asentada en los límites montañosos con Burgos. Su tipología y costumbres poco tienen que ver con las del resto de los ciudadanos de la región. Son muy reservados, tienen a la vaca como tótem y suelen funcionar con dinero en efectivo, prestándose unos a otros. Yo siempre he tenido una extraordinaria relación con ellos y me han dado siempre un magnífico apoyo electoral.

El año 2001 fue muy azaroso para los pasiegos. El 31 de diciembre era la fecha tope para canjear pesetas por euros. Recuerdo cómo uno de ellos, allá por el mes de noviembre, me pidió una entrevista urgente. Le recibí en mi despacho y le encontré muy nervioso. Lo primero que me preguntó fue si los bancos eran seguros. Rápidamente intuí lo que no acababa de desembuchar y pasé a preguntarle:

—¿Tienes dinero en pesetas en algún pajar o en casa y quieres cambiarlo a euros?

—Sí —me contestó al instante.

Venía a pedirme que le acompañara a contar el dinero y luego a un banco para realizar el trueque. Naturalmente, le dije que sí. Me advirtió de que lo tenía muy lejos y en un acceso complicado al que solo se podía llegar primero en un todoterreno y después a pie durante un kilómetro.

Quedamos al día siguiente, a las diez de la mañana, en su casa. Allí estaba esperándome con un destartalado Land Rover de los años sesenta. Iniciamos lentamente la subida hacia el alto de la Braguía, que separa Selaya de Vega de Pas. Después de desviarnos de la carretera y recorrer una pista de tierra y grava, abandonamos el vehículo y seguimos a pie por una empinada cuesta. Nos dirigimos a un invernal que se divisaba a lo lejos.

Por fin llegamos. El pasiego sacó una inmensa llave de debajo de una piedra. Abrimos la cuadra y penetramos en el interior, alumbrándonos con una potente linterna. Iluminó el techo y allí se encontraban, al fondo, colgada de una viga, una docena de campanos de vaca. Mirándome a los ojos me dijo:

—Ahí tengo el dinero.

Yo no daba crédito.

Subido a una escalera, el pasiego fue bajando todos los campanos y los fue depositando en el suelo. Cada billete era una bolita de papel cuidadosamente acoplada una con otra pero sin llegar a ocupar más de la mitad del campano.

—Pero, ¿cómo lo tienes aquí? —le pregunté—. Te lo han podido comer los ratones.

—Imposible —contestó—, porque si bajaran por la superficie del campano, al intentar girar para subir por el interior, caen al suelo.

Le advertí entonces del riesgo de robo de los campanos, pero me contestó que los pasiegos no se roban los campanos.

Nos costó bastante sacar todas las bolitas del interior de los cencerros para meterlas en una gran bolsa de plástico. Cuando llegamos a su casa, en la mesa de la cocina y en presencia de su mujer y dos niños pequeños, depositamos las bolitas. Más de cuatro horas tardamos en deshacerlas con mimo. Mientras nosotros desenrollábamos, la mujer trataba de estirarlos con una plancha.

Había billetes de quinientas, de mil, de dos mil, de cinco mil y de diez mil pesetas. Procedí al recuento: dieciséis millones y medio de pesetas. Al día siguiente le llevé a un banco de Torrelavega, donde procedimos al recuento y al canje por euros ante la mirada atónica del director y del cajero. Por más que le insistí en que lo mejor era abrir una cuenta corriente o una libreta de ahorro y depositar allí el dinero, no fui capaz de convencerle. Con los euros en la mano se marchó en dirección a su pueblo. Supongo que desecharía los campanos como caja fuerte y que tendría pensado algún otro sistema de custodia más seguro y menos sofisticado.

Pasado el tiempo, pienso que quizá el pasiego actuó correctamente al llevarse el dinero a casa, pues de ese modo evitó convertirse en una víctima más de las preferentes.

«Compro oro»

No hay pueblo con más de cinco mil habitantes que no tenga un establecimiento con el letrero «Compro oro». Ya es tan habitual como el bar o la farmacia. En las grandes ciudades he visto hasta dos establecimientos de este tipo en una misma calle.

En momentos de crisis el oro es el refugio de los ricos y el pan para hoy de los pobres. Nunca he entendido por qué el oro vale tanto. Será porque fue patrón moneda y es la ostentación de los poderosos: «Tengo un reloj de oro, un coche con adornos de oro y hasta un diente de oro»...

El otro día me picó la curiosidad y me aposté discretamente durante una hora delante de una de estas tiendas. En la cristalera se anunciaba: «Compramos oro a treinta euros el gramo. Pago al contado». Los cristales eran ahumados para que no se divisase a los clientes desde fuera. En una hora entraron tres señoras. Con disimulo, se pasearon durante unos minutos cada una delante del escaparate. Miraban de reojo, como avergonzadas ante la posibilidad de que alguien pudiera verlas. Ninguna estuvo dentro del establecimiento más de cinco minutos.

Al cabo de una hora entré yo y pregunté qué venían a vender aquellas personas que habían entrado antes. Amable, el dependiente me enseñó las compras de la mañana. Había sobre todo joyería relacionada con la religión: crucifijos, medallas de varias vírgenes con grabaciones referentes a primeras comuniones o nacimientos, pulseras de aniversarios, un rosario y muchos anillos de boda. Al ver aquello, sentí una angustia que me cortaba la respiración. Era el reflejo más terrible de la crisis. ¡A qué nivel de desesperación y necesidad han llegado muchos para tener que desprenderse del anillo de boda o de la medallita grabada de la niña! ¡Qué estado de ánimo acompañará a los que han de recurrir a esta desesperada opción para poder comer o para que no les corten la luz!

Me explicó el dueño de la tienda que, sin distingos del valor artístico, las joyas se funden para hacer lingotes de cien gramos con destino al mercado del oro. Por curiosidad, busqué en Internet la cotización del oro en la Bolsa de Madrid: 41,8 euros el gramo. Todo esto sucedía el mismo día en que la agencia Bloomberg publicaba que la fortuna de veinte personas en el mundo supera los seiscientos cincuenta mil millones de dólares.

Las dos Carmonas

Carmona es probablemente uno de los pueblos más bonitos de Cantabria. Un pueblo medieval de casonas de piedra y balcones de madera de roble habitado por gentes dedicadas durante siglos al cuidado de la vaca tudanca y hábiles artesanos de la madera.

Carmona es una joya declarada Conjunto Histórico Monumental y posee un pequeño parador que pertenece al Gobierno de Cantabria.

En 1970 se inauguró el alumbrado público. El vicepresidente de la entonces Diputación Provincial de Santander era Manuel Gutiérrez Elorza, *Lolín,* famoso por producir las magníficas anchoas que llevan su nombre. Esta obra fue fruto de las gestiones de Lolín ante el secretario de Estado del Plan de Desarrollo, Javier Irastorza, oriundo de Castro Urdiales, como el propio Manuel Gutiérrez Elorza.

Para la inauguración, a la que había anunciado su presencia el secretario de Estado, Lolín, que es un gran amigo mío, siempre espléndido, decidió ofrecer una suculenta comida. La víspera preguntó a su conductor si sabía dónde estaba el parador de Carmona. Sin dudar, este contestó que sí, y entonces le encargó que recogiera de su nave de pescado varias cajas de mariscos, cigalas, langostas y nécoras, y que las llevase para la comida del día siguiente.

Llegaron las once de la mañana del día señalado, pero el conductor de Lolín no pasó a recogerle. Al llegar a Carmona se comprobó que la mercancía no había llegado a su destino. Nadie sabía nada del conductor. Cundió la alarma.

Para llegar a Carmona hay que pasar el alto que lleva su nombre. En aquella época, era una carretera tortuosa, llena de curvas y con precipicios enormes. Se suspendió la inauguración del alumbrado y muchas personas, junto a la

Guardia Civil, se dedicaron a buscar por los barrancos el coche y al conductor, imaginándose que se había precipitado al vacío en alguna curva. A la una del mediodía se recibió una llamada de teléfono en el parador. Era el conductor y aseguraba que en el parador de Carmona ni había comida alguna ni esperaban el marisco que le habían encargado llevar.

Estaba en el parador de Carmona, en Sevilla, a novecientos kilómetros del Carmona cántabro. Cuando Lolín le hizo el encargo y le preguntó si conocía Carmona, no dudó en contestar afirmativamente, pues había hecho en esa localidad el servicio militar.

Se suspendió el operativo de búsqueda. Y el señor Irastorza y las demás autoridades se tuvieron que conformar con chorizo y queso en lugar de marisco.

¡Viva México!

En el año 2004 realicé una visita oficial a México en la que comuniqué al entonces presidente de ese país, Vicente Fox, la decisión del Gobierno de Cantabria de conceder la Medalla de Oro de la región al pueblo mexicano por el trato dispensado históricamente a nuestros emigrantes.

En aquel viaje conocí a Mario Vázquez Raña, una de las personas más influyentes de México, propietario de más de ochenta periódicos, emisoras de radio y canales de televisión. Su hermano Abel está casado con una pasiega, Rosita Oria, y posee una gran casa en Villacarriedo, donde pasan buena parte del año. Es un matrimonio encantador, con quien mi esposa y yo mantenemos una estrecha amistad desde hace años.

Abel habló de mi viaje con su hermano y, gracias a ello, me ofrecieron un recibimiento que solo es posible en México. Durante tres días consecutivos fui portada de periódicos con titulares propios de un acontecimiento mundial. El diario *El Sol* llegó a abrir su edición con este titular: «Revilla llega a México». Ese mismo día llegaba también el presidente de Rusia, Vladimir Putin, pero su visita aparecía en la parte inferior de la página y con letra más pequeña.

Obviamente, salvo los cántabros allí residentes, nadie me conocía en México. Pero, a pesar de ello, el propio magnate de los medios de comunicación, Mario Vázquez Raña en persona, me hizo una larga entrevista que publicó durante tres días. Él mismo aparecía conmigo en varias de las fotos. Yo estaba avergonzado.

Al viajar en visita oficial, la Presidencia de México puso a mi disposición un coche espectacular y una escolta militar al mando de un capitán. Estaba prácticamente secuestrado, sin posibilidad de moverme como a mí me gusta hacerlo. El capitán de la escolta me preguntaba si yo era más importante que Zapatero. «Yo soy el presidente de Cantabria, una de las regiones más pequeñas de España, y Zapatero lo es de toda la nación», le contesté. Entonces me replicó que un mes antes había estado en México el presidente español y no había conseguido el despliegue informativo que tenía yo.

Y llegó el momento de la entrevista con Vicente Fox en su magnífica residencia de Los Pinos. Me acompañaba el consejero de Economía, la embajadora de España y el presidente de la Casa de Cantabria en México. Antes de entrar a la reunión, el jefe de Protocolo del presidente me dijo que Fox quería departir unos segundos conmigo a solas. Entré en un despacho y allí me esperaba aquel hombre gigante (mide dos metros), ataviado con unas aparatosas botas. Me saludó muy afectuosamente y me invitó a sentarme. Encima de una mesa tenía todos los periódicos con las noticias en portada de mi llegada a México y declaraciones mías sobre la guerra de Irak, las relaciones entre el país americano y España, la Unión Europea, etc.

—¡No entiendo nada! —me dijo en tono solemne el presidente Fox—. Usted es el presidente de una región de cinco mil kilómetros cuadrados y quinientos mil habitantes. Este señor que le entrevista, Mario Vázquez Raña, es el personaje más influyente de los medios de comunicación de mi país. A mí este despliegue no me lo ha dado nunca. ¿Me puede explicar esto?

¡Cómo decirle la verdad! Con reflejos, opté por una respuesta irónica:

—Mire, presidente, a mi región no se la puede juzgar ni por sus cinco mil kilómetros cuadrados de extensión ni por sus quinientos mil habitantes. Yo presido la tierra oriunda de Quevedo, Lope de Vega, Calderón de la Barca, Juan de la Cosa, Marcelino Menéndez Pelayo, Gerardo Diego, Juan de Herrera, Emilio Botín, Severiano Ballesteros...

Lo dije tan serio y convencido que no pronunció más que un comedido «¡Ah!». Abandonamos la sala y nos dirigimos a otra donde se celebró la reunión con la delegación que me acompañaba.

Dos años después, el avión presidencial mexicano aterrizaba en Parayas con Vicente Fox y su esposa a bordo, amén de ministros, empresarios y un amplísimo séquito, para recoger en un acto solemne celebrado en el palacio de La Magdalena, sede de la Universidad Internacional Menéndez Pelayo, la Medalla de Oro de Cantabria.

Dicen que los Gobiernos con mayor protocolo del mundo son los de Francia y México. De lo de México doy fe. Veinticinco días antes de la fecha marcada, arribaron en Santander veinte mexicanos, con el general jefe del Estado Mayor presidencial al frente, para cuidar con todo detalle la visita. Yo no era capaz de entender aquel despliegue. Repetían varias veces el trayecto de cinco kilómetros que separa el aeropuerto de Parayas de Santander. Exigían la ausencia de semáforos, cambiaban el itinerario a diario, marcaban el lugar de aparcamiento de la comitiva presidencial… Yo les decía que aquí no se precisaba tanta seguridad.

En algún momento tuve una tensa discusión con el jefe del operativo, que llegó a decirme que la diferencia entre un terrorista y un responsable de protocolo es que con el terrorista se puede negociar. Lo más curioso fue la exigencia de repetir dos veces, con toda la delegación, el menú que el hotel Bahía serviría a los asistentes a la comida con la que obsequiábamos al presidente y su séquito. A cada plato planteaban exigencias relativas a la sal o a la preparación, en presencia del chef, que tomaba buena nota. Los comentarios se referían casi siempre a los gustos de la primera dama. Se notaba que les preocupaba agradar más a la esposa del presidente que al propio presidente.

Lo más sorprendente me ocurrió cuando terminó la primera comida de prueba. Un miembro de la delegación se acercó a mí y me susurró una palabra que al principio no entendí. Al pedirle que fuera más claro, me dijo:

—¿Y las putitas?

Yo no daba crédito. Me aclaró que venían de Rusia y que allí se las habían puesto. Yo le respondí:

—Aquí las putas se las paga el cliente.

La visita de Fox fue un éxito y me permitió comprobar cómo un gigante físico como es el expresidente mexicano le consultaba todo a su físicamente pequeña esposa, a quien llamaba Martita.

Vicente Fox se fue muy impresionado al conocer en mi discurso que cincuenta y ocho localidades de México llevan nombres de pueblos de Cantabria y que tres virreyes fueron oriundos de mi tierra.

El día que volví a meter la pata

En 1909, el 21 de julio, Alberto I de Mónaco atracó en el puerto de Santander a bordo de su barco *Princess Alice.* Venía acompañado por los mejores expertos en arte prehistórico de Europa. Aquel hombre, ya mayor, príncipe de Mónaco e instaurador de la dinastía Grimaldi, hizo descender de su barco el primer coche visto en Cantabria.

Ante la expectación popular, la comitiva se dirigió a Puente Viesgo, maravillosa localidad de Cantabria en la que se encuentran las cuevas de Monte Castillo. Alberto I permaneció un mes en Puente Viesgo para investigar las cuevas. Un año después publicó un extenso trabajo titulado *Les cavernes de la région cantabrique.* Ese trabajo supuso el descubrimiento de las cuevas de Puente Viesgo como gran joya cántabra del arte paleolítico, además de Altamira.

Al cumplirse los cien años del descubrimiento, se me ocurrió enviar una carta a su tataranieto, Alberto II de Mónaco, para invitarle a visitar Cantabria y las cuevas que tanto interesaron a su antepasado, cuyo busto aún se encuentra en la entrada. Para mi sorpresa, apenas quince días después recibí una carta de la Embajada de Mónaco en Madrid aceptando la invitación.

El martes 28 de septiembre de 2010, a las 10:00 horas, aterrizaba un avión de las Fuerzas Aéreas de Mónaco en Parayas. A pie de pista, yo esperaba al príncipe con mis mejores galas: un seminuevo Emidio Tucci, camisa azul de rayas y corbata a juego. Se abrió la puerta del avión y colocaron la escalerilla por la que descendió Alberto II, ataviado con camisa de cuadros, pantalón safari y botas de montaña. ¡Tierra, trágame!

El príncipe venía correctamente vestido para lo que iba a visitar, unas cuevas rupestres. Los que me acompañaban, el consejero de Cultura, el director de las cuevas y otras autoridades, iban vestidos como yo. El ridículo fue

Con el gran Pablo Motos

Con Alberto Contador el día que ganó en Fuente Dé

Con Ana Rosa Semprún, en la entrega del manuscrito de mi libro

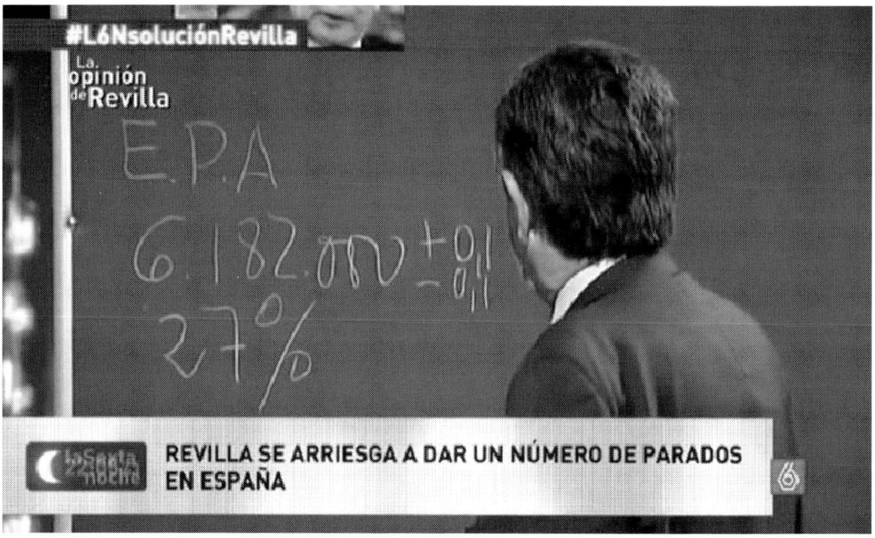

Vaticinando la EPA en mi pizarra de *La Sexta Noche*

Con uno de los míos: Juanjo Cobo

Con mis amigos Jesús Cintora y José Carlos Díez

Pesadilla en la cocina

El último *culín* en Casa Ataúlfo, de Xixón, con Manolín Preciado

Matrimonio feliz

Con mi amigo Pascual Maragall, que lucha contra el alzhéimer

Setenta tacos... 23 de enero de 2013

espantoso. Un periódico local, *El Diario Montañés,* publicó la foto de la comitiva con el siguiente texto: «El príncipe Alberto de Mónaco, el primo pobre del séquito».

Yo tenía una cierta prevención contra este hombre, cuya imagen no sale bien parada en los medios de comunicación. Sin embargo, su comportamiento fue ejemplar. Se pasó seis horas bajo tierra, interesándose por todas las pinturas. Comió con voracidad anchoas, sobaos pasiegos y quesos de Cantabria. Se pasó una hora saludando y sacándose fotos con los vecinos. Se fue encantado.

Un año después recibí una carta del embajador de Mónaco para comunicarme que el príncipe estaría encantado de recibirme en el Principado y enseñarme su palacio. Le contesté dándole las gracias y diciéndole que, si algún día pasaba por allí, le haría una visita.

Corinna

Acudir a programas en directo sin pactar las preguntas te aboca a contestaciones más o menos acertadas. Por delicada que sea la pregunta, jamás recurro al «hoy no toca» con el que tantas veces respondía Jordi Pujol.

En los momentos en que la rubia Corinna estaba en todos los espacios de televisión, acudí al programa *El Hormiguero,* y la pregunta del gran Pablo Motos fue directa y concisa:

—¿Qué opina Revilla de Corinna?

Mi respuesta fue la siguiente:

—La semana pasada estuve en Haro, capital del vino de Rioja. Isaac Muga, propietario de una de las bodegas más famosas —¿quién no ha tomado un Muga en esta vida?— me había invitado a conocer sus cavas. Isaac me contó que echaba mucho de menos a su hermano, fallecido hace unos años. En los años noventa, el sector vitivinícola sufrió una crisis importante. Un preocupado Isaac le preguntó a su hermano si serían capaces de aguantar y este le contestó: «Tranquilo, Isaacín, que nosotros seremos los últimos en caer, porque no tenemos ni querida ni yate».

Esa fue mi respuesta a una pregunta tan delicada. Y la publicidad gratuita que hice de Muga me sirvió para recibir seis botellas del vino estrella de la bodega: Prado Enea.

El tonto del pueblo

En casi todos los pueblos suele haber un tonto. O, al menos, alguien a quien la mayoría adjudica ese apelativo.

Cabuérniga es un precioso municipio formado por los pueblos de Sopeña, Terán, Renedo, Fresneda, Selores, Valle, Viaña y Carmona. Es prácticamente la última parte llana antes de llegar a la Cordillera Cantábrica.

La agrupación del municipio es un tanto extraña. Carmona, como junta vecinal, pertenece a Cabuérniga, cuyo ayuntamiento está a quince kilómetros, y no a Puentenansa, que está a apenas dos kilómetros.

Entre Carmona y el resto de las juntas vecinales se encuentra el mítico Collau de Carmona. El fallecido y añorado José María de Cos, alcalde de Cabuérniga, me contó que, alrededor de 1900, se celebraba todos los años una pelea-desafío en la cima de esa montaña entre un vecino escogido en Carmona y otro reclutado entre los habitantes de Renedo, Terán, Sopeña, Selores, Viaña y Valle. La pelea era de un tipo parecido a la lucha canaria. La victoria la obtenía el contendiente que consiguiese derribar tres veces al rival. Una gran multitud se congregaba el día del desafío, atraída por el pique que siempre ha existido entre Carmona y el resto de los pueblos del municipio.

Hacía ya siete años que ganaba ininterrumpidamente un tipo de Carmona al que apodaban Zalampas, que apenas llegaba al metro setenta de estatura y pesaba sesenta y cinco kilos. Tenía una especial habilidad para echar la zancadilla y derribar a su oponente.

Con doscientos cincuenta habitantes, Carmona se enfrentaba al resto de Cabuérniga, que reunía a dos mil. Ante la reiterada humillación, llegó a plantearse una estrategia para acabar con la hegemonía carmoniega. Se reunieron en concejo todos los vecinos y aprobaron un acuerdo que propusieron al alcalde. En Sopeña había un mocetón de veinte años y 1,95 metros de estatura al que apodaban Hércules. Durante un año le liberarían del trabajo del campo y cada vecino aportaría alubias, chorizos, huevos, quesos, mantequilla, carne, etc., para que comiera a discreción, ya que tenía mucha altura pero poco peso.

Así lo hicieron. Hércules fue atiborrado durante un año hasta que alcanzó los ciento veinte kilos de peso.

Todos pensaban que por fin acabaría la hegemonía de Carmona sobre el resto de los pueblos. Y llegó el momento del desafío.

Cuentan que miles de personas esperaban en la cima de la Collada el combate del siglo. Era una tarde soleada del mes de septiembre. Zalampas, 1,70 metros de estatura y sesenta y cinco kilos de peso, de Carmona, frente a Hércules, de 1,90 metros y ciento veinte kilos, representando al resto de las juntas vecinales.

Era costumbre que los asistentes cruzaran apuestas. Un árbitro imparcial, traído de Torrelavega, dirigía el combate. A las siete en punto de la tarde los dos combatientes se colocaron frente a frente en presencia del árbitro, mientras un rugido de gargantas les animaban.

En menos de quince segundos, y con una habilidosa llave, Zalampas puso en el suelo a Hércules. Apenas un minuto después repitió la operación dos veces más y se dio por finalizado el combate. Carmona volvía a ganar frente al resto de las pedanías del municipio. Zalampas fue bajado a hombros hacia Carmona por sus paisanos, al son de música de gaita y cohetes.

Por la otra vertiente, los perdedores bajaban cariacontecidos en dirección a Sopeña. De repente, el tonto del pueblo se dirigió al alcalde, que era de Selores, en estos términos:

—Señor alcalde, con lo que nos ha *costau* engordar a *esti pa na,* cuántos chones* hubiéramos *criau.*

---

* Apelativo cántabro del cerdo.

Me imagino lo que le habría dicho «el tonto de Cabuérniga» al jefe de la delegación española que defendió en Buenos Aires la candidatura de Madrid como sede olímpica tras conocer que pagaron doscientos veinte mil euros a un gabinete de Nueva York para elaborar los discursos.

La primera película

En el año 1951 llegaron a la zona alta del río Nansa, cuya cabecera es Polaciones, unos curas en misión civilizadora. No recuerdo de qué orden religiosa eran, pero sí me acuerdo de que los mayores del pueblo los llamaban misioneros. Supongo que, al estar en zonas muy apartadas, necesitábamos una evangelización especial.

Uno de los actos programados a su llegada fue la proyección de una película. Los niños de Polaciones no sabíamos lo que era el cine. A la salida de La Lastra, un barrio del municipio de Tudanca, junto a la carretera, había una especie de almacén que aún existe. Fue el lugar escogido para la proyección de la película. Colocaron una sábana blanca en una de las paredes y un proyector al fondo. Había bancos para unos treinta niños.

Tudanca está a quince kilómetros de Salceda, el último pueblo de Polaciones, que era donde yo vivía. El camión de Federico era el único que había en el valle, el mismo en el que años después nos llevaron a ver a Franco a Santander en un accidentado viaje que ya relaté en mi primer libro. Nos acomodaron a los treinta niños para asistir a la proyección de la película.

Cuando llegamos al improvisado cine nos sentaron en los bancos. El suelo estaba lleno de cascotes y de restos de material de obra. Los «misioneros» empezaron la proyección. Jamás olvidaré el título: *La mies es mucha.* Era la vida del padre Damián, misionero en unas islas del Pacífico.

En un momento de la película aparecía un episodio donde una multitud de nativos vestidos con taparrabos y armados con lanzas y machetes, perseguían al padre Damián y a sus acompañantes con intención de cortarles el cuello. Cuando estaban a punto de alcanzarlos, no sé si todos, pero unos cuantos niños, entre los que me encontraba, cogimos del suelo restos de ladrillos y trozos de madera y empezamos a lanzarlos contra la pantalla. Nos la cargamos y ese fue el fin de la película.

Los misioneros quedaron asustados y alucinados ante nuestra actitud. Supongo que en las charlas que nos dieron en los días previos hicieron tanto hincapié en eso de los buenos y los malos que nosotros llevamos sus sermones directamente a la práctica.

¡Voy a tener un nieto!

Siempre he soñado con tener un hijo. Tengo tres hijas, Pili, Jana y Lara, y estoy encantado. Pero como soy de aficiones bastante corrientes —pescar, coger setas, ir al fútbol, a los bolos, a las regatas de traineras, a ver una etapa de montaña de la Vuelta a España—, egoístamente había pensado que sería más lógico que me acompañara un niño que una niña.

Mosqueado, un día le comenté a un amigo médico si era casualidad tener tantas niñas. Me ofreció realizarme un análisis para comprobar si tenía alguna alteración cromosomática que determinara una propensión a tener solo niñas. Yo le respondí que la determinación del sexo era cosa de dos, pero él me aclaró que no, que en el reino animal es el macho el que determina el género. Entonces me contó lo siguiente.

El ser humano contiene veintitrés pares de cromosomas que almacenan el ADN y el ARN. Este último aporta la información genética relativa al sexo de la persona, y por eso se denomina cromosoma sexual. Hay dos tipos, el X y el Y. La mujer siempre aporta X en el óvulo, mientras que el hombre puede aportar X o Y en los espermatozoides, lo cual determina el sexo del bebé. Si se da el XX será niña y si, por el contrario, la combinación es XY, será niño.

Me sometí a la prueba y el resultado fue sorprendente: 82% de cromosomas X y 18% de cromosomas Y. «Tienes muy complicado tener un hijo», me dijo mi amigo.

Entonces entendí algo que recuerdo haber visto hace muchos años en el centro de inseminación animal de Torrelavega. Allí había veinte extraordinarios ejemplares de toro de raza frisona y se informaba de las cualidades de cada uno.

Zoltán: mejorante en leche un 20%. Los pasiegos que tenían vacas con poca producción láctea las cruzaban con ese toro y así las novillas descendientes producían más leche.

Otro toro era *Sultán,* y se anunciaba como mejorante en grasa. Los ganaderos con vacas que producían mucha leche, pero no daban el 3,2% de grasa que exigen las centrales lecheras, inseminaban con este toro.

Había también uno llamado *Brusbaker,* o algo parecido, y lo anunciaban así: 80% de descendencia novillas. Los que querían tener una becerra, y no un becerro, acudían a este toro.

Pues bien, salvando las distancias, yo soy como *Brusbaker.*

Comprenderán la ilusión que me hace que entre enero y febrero de 2014, si todo va bien, tendré un *nietucu,* aunque me coge ya muy mayor para que nos disfrutemos mutuamente. Me dicen los padres que le van a llamar Bruno. Me habría gustado llamarle Laro, pero ahí no mando nada.

No sé si llegará a leer este libro estando yo en este mundo, pero cuando lo lea, debe saber que su abuelo se ha llevado una gran alegría al incorporarle a la familia. Ojalá que entonces pueda decirle a sus padres: «¡Pero qué cosas pasaban en España cuando vivía el abuelo!...». Será señal de que esta pesadilla habrá terminado.

9
Signos del declive de España

Tabacalera

Hasta 1492, nadie en el mundo, salvo los nativos, conocía la existencia de lo que hoy conocemos como América. Cristóbal Colón y sus tres carabelas llegaron ese año a una isla maravillosa llamada Guanahani (en las actuales Bahamas), muy cerca de Cuba. Cuenta el almirante la curiosidad que le supuso observar cómo los indios llevaban en la boca una especie de tizones encendidos. Acababa de descubrir el tabaco. Este producto, tan denostado ahora, fue durante siglos permanente objeto de deseo. Y Cuba produce el mejor tabaco del mundo.

Una de las empresas más sólidas y con mayores beneficios de nuestro país fue históricamente Tabacalera Española. La llegada de Fidel Castro al poder cubano supuso la nacionalización de todo, salvo de los famosos puros, que quedaron en manos de nuestra empresa tabaquera. Un activo de valor incalculable de cara al futuro.

La pérdida de Tabacalera como empresa pública comenzó cuando José María Aznar nombró, en 1996, a César Alierta como presidente de la compañía. El primer paso que dio fue privatizarla y fusionarla con la empresa francesa Altadis. En esta operación se sabe que el señor Alierta, su señora y su sobrino, Luis Javier Placer, compraron acciones que posteriormente vendieron, obteniendo un beneficio de 1,86 millones de euros.

La Audiencia Provincial de Madrid dictó sentencia sobre este asunto el 17 de julio de 2009, y en ella se consideraba probado el delito de información privilegiada y que entre el señor Alierta y su sobrino Placer existió un «concierto común» para sacar «un provecho económico» mediante el acopio de un considerable número de acciones de Tabacalera. Como ocurre en España con la mayoría de los peces gordos, leído el fallo, el abogado defensor advirtió a la Sala de que el delito había prescrito. Y el acusado fue absuelto.

En julio de 2007 el grupo inglés Imperial Tobacco compró el cien por cien del grupo Tabacalera-Altadis, presidido en ese momento por Antonio Vázquez. Las consecuencias han sido terribles para el empleo en España de la otrora poderosa empresa. Solo permanecen en activo dos fábricas, una en Cantabria y otra en Logroño. Ha sido especialmente dramático el cese de la actividad en Cádiz, en cuya factoría nació la figura de la cigarrera. La planta gaditana llegó a tener tres mil quinientos trabajadores. Hoy solo tiene treinta y cinco. Y los días contados.

IBERIA

Iberia ha sido para España algo más que una compañía aérea. Ha sido una bandera, y desde los años cuarenta, el nexo de unión entre España y el continente americano. Los tres primeros aviones Super Constellation que iniciaron esa ruta fueron bautizados con los nombres de *La Pinta, La Niña* y *La Santamaría*.

Parece mentira, y es un síntoma de la decadencia de un país, que hayamos llegado a perder esta compañía estatal, teniendo en el mundo un área geográfica con quinientos millones de personas que hablan español y siendo España un país que recibe a setenta millones de turistas al año.

Hoy Iberia es prácticamente inglesa. Y cada vez desaparecen más vuelos a países hermanos de Iberoamérica. Especialmente doloroso y representativo resulta la supresión de la ruta a La Habana y demás países del área. Es toda una rendición y un brochazo a la España que descubrió medio mundo.

Resulta interesante saber que en la venta de Tabacalera e Iberia a los ingleses participó la misma persona: Antonio Vázquez.

Eso sí, este personaje ha sido compensado en la desigual fusión British Airways-Iberia con la presidencia de la nueva compañía IAG. Paralelamente al anuncio del despido de cuatro mil quinientos empleados en nuestra línea de bandera y a la reducción de los sueldos de los trabajadores entre un 25 y un 35%, el nuevo presidente tiene un contrato nada desdeñable: seiscientos cincuenta mil euros de sueldo base más doscientos treinta y cinco mil en concepto de necesidades especiales. Por si fuera poco, dispone de quinientos mil euros al año para adquirir billetes en las compañías del grupo IAG.

Su mano derecha y consejero delegado, Rafael Sánchez-Lozano, tiene un salario base de 632.000 euros y su bonus anual puede superar el 75% del sueldo base. En resumen, que se embolsa entre 1,2 y 1,5 millones de euros.

Tanto reivindicar Gibraltar español y los políticos de la jungla de los listos han puesto a dos de nuestras empresas más emblemáticas en manos inglesas. Un síntoma más de nuestra decadencia.

10
Habrá otra guerra

Muchas de las guerras también las planifican los especuladores de la jungla de los listos. Cada día se gastan en el mundo tres mil quinientos millones de dólares en armas. Solo Estados Unidos invirtió ochocientos mil millones de dólares en 2010 en gastos militares. La armamentística es una de las industrias más poderosas del mundo. Y no es difícil entender que, si no hay guerras, el negocio se va al garete.

Cada día salen de las fábricas coches, televisores, neveras, teléfonos móviles, etc., para atender a consumidores nuevos y a compradores que reponen lo viejo. De las fábricas de armas salen misiles, tanques, aviones de combate, ametralladoras... Si no hay guerras, se agotan los almacenes de *stock* y peligra el negocio. Por eso la jungla de los listos ha de planificar de vez en cuando una guerra, y para ello utilizan el mismo ejército que cambia el rumbo de las Bolsas, las monedas o los países.

El primer ejército en este caso es el de la información, con medios de comunicación comprados que crean un determinado clima sobre la perversidad de un país: armas de destrucción masiva, ataque a las libertades, comerse a los niños crudos, etc. Para tomar la decisión de declarar la guerra ya tienen colocados halcones en los puestos clave de la Administración.

Siempre es conveniente que las guerras sean en países lejanos al que las declara y si, además, hay petróleo, diamantes o alguna materia prima estratégica, mucho mejor. El ejemplo más terrible y de resultados más calamitosos para la humanidad fue la guerra de Irak. Pero no para todos: algunas empresas y algunos millonarios multiplicaron sus fortunas.

En el año 2002, antes de la invasión de Irak, el precio del barril de petróleo era de veinticinco dólares. Ahora está en los cien dólares. En 2002 solo una de las diez empresas más rentables del mundo pertenecía al sector petrolífero. En 2008, cinco de las diez empresas más rentables son petroleras: Exxon, Shell, BP, Crevron y Petro-China.

Existe el mito de que las guerras son buenas para la economía. Son buenas para enriquecer más a los más ricos y nefastas para la humanidad. Hoy ninguna persona sensata sostiene que la guerra sea beneficiosa para la economía. El gran economista John Maynar Keynes enseñó que con tipos de interés bajos, controles de la economía, un sistema fiscal justo y un mayor gasto público, en épocas de paz se puede crecer y crear pleno empleo.

El dinero gastado en armamento y guerras va directamente a las cloacas de la jungla de los listos. El premio Nobel de Economía Joseph Stiglitz publicó en 2007 el libro *La guerra de los tres billones de dólares*. ¿Se imaginan esa inmensa masa monetaria invertida en educación, sanidad, infraestructuras, investigación o, simplemente, en erradicar el hambre? Y no podemos obviar, además, los miles de muertos y desplazados, y el aumento del choque de civilizaciones que la guerra de Irak ha provocado.

A estas alturas, todos, salvo los que han multiplicado sus fortunas, reconocen el inmenso error de aquel conflicto. Nos anunciaban los voceros a la carta que la guerra llevaría la democracia a Oriente Medio y a la bajada del precio del petróleo. Sin embargo, la invasión de Irak ha convertido el país en epicentro de terroristas de todas las especies y ha desestabilizado toda la zona. El precio del petróleo, que se ha multiplicado por cuatro, y el brutal endeudamiento de Estados Unidos están en el origen de la crisis mundial que padecemos.

Pero lo peor de todo esto es que ya están planificando nuevas guerras. Volverán a movilizar al ejército de la jungla de los listos para crear el clima propicio y justificar la próxima tropelía. Para ello contarán con los personajes apropiados en los puestos de decisión. Serán los que aprieten el botón: otro George W. Bush, o un Donald Rumsfeld, o comparsas, que se harán una foto tipo Aznar.

Candidatos para una nueva guerra ya están encima de la mesa del Despacho Oval de la Casa Blanca. Irán y Siria son objetivos seguros. Sin embargo, el mundo está cada vez más en contra de las guerras. Ya no cuelan las mentiras. Afortunadamente, la opinión pública está muy sensibilizada y apuesta por una política de paz.

Nos inculcaron un lema: «Si quieres la paz, prepara la guerra». Por fortuna, las sanguijuelas que hacen negocio de las guerras están en el punto de mira de una conciencia universal que les va a poner cada día más difíciles sus siniestros objetivos.

Los que tenemos la posibilidad de crear opinión —políticos decentes, intelectuales, maestros, padres de familia— no podemos callarnos. Hay que crear una conciencia colectiva que sustituya la guerra por un desarrollo sostenible.

11
¿HACIA DÓNDE VAMOS?

TRES PILARES FUNDAMENTALES: EDUCACIÓN, ÉTICA Y JUSTICIA

¿Es necesario hacer un mundo mejor? ¿Es necesario otro sistema? Seguro que los que me leen contestarán afirmativamente a las dos preguntas. No soy ni tan pretencioso ni tan lúcido como para proponer un nuevo sistema, pero sí puedo adelantar algunas bases de lo que entiendo debería ser el alumbramiento de un orden político, social y económico distinto.

Ese nuevo alumbramiento debe estar basado en tres pilares: la educación, la ética y la justicia.

La educación es la base de todo. Pero, ¿qué educación? Una educación basada en la solidaridad, la tolerancia, el respeto mutuo, el espíritu de diálogo, la dignidad del ser humano, el fomento de la paz. Estos deberían ser valores básicos de obligado cumplimiento. Desterrar el odio y los dogmatismos. Una población analfabeta o inculta es el mejor instrumento para que la jungla de los listos nos haga tragar con ruedas de molino y, a través de los medios de comunicación, anestesiar a la opinión pública. Con ciudadanos formados habrá menos extremismos y obediencias ciegas. Los dirigentes políticos ya no se atreverán a contarnos historias, porque nos provocarán indignación o hilaridad.

Una persona formada reflexiona y no actúa al dictado de nadie. Por eso es dramático que se recorte en educación. Naturalmente, una buena educación es cara, pero más caro es invertir en ignorancia. Ha sido lamentable eliminar la asignatura de Educación para la Ciudadanía, que, con algunos defectos, apuntaba en la línea de lo que propongo.

Y cuando hablo de educación incluyo la investigación y el desarrollo. Resulta dramático el camino de recortes que ha iniciado el actual Gobierno de España. Mientras Alemania sobrepasó el 3% de sus presupuestos en esta materia, España ya está por debajo del 1%. Y de esa ridícula partida, casi un tercio se dedica al desarrollo y a la investigación militar.

La ética es la consecuencia de una educación adecuada. Una población educada es consciente de que en esta vida estamos de paso, que una vez satisfechas las necesidades elementales, nada hay más gratificante que intentar hacer algo por mejorar la vida de nuestros semejantes. Que la solidaridad prevalezca sobre la avaricia.

El papel de la Iglesia católica

En una regeneración ética deberán jugar un papel importante las religiones, sobre todo el cristianismo, que es la religión predominante en el área controlada por la jungla de los listos. La Iglesia católica, representada por la curia romana, ha sucumbido a la tentación del poder terrenal.

Muchas veces me imagino a Jesús de Nazaret, a quien los Evangelios retratan como perseguidor de los ricos y prepotentes y defensor de los pobres, la equidad y la justicia, apareciendo un día en la Plaza de San Pedro, en medio de uno de esos actos en los que los cardenales aparecen revestidos de oro y pompa y protegidos por la guardia vaticana. Imagino a Jesús visitando el Vaticano y las demás iglesias romanas, con todas sus dependencias atestadas de arte y riqueza. Con toda seguridad, no identificaría a sus seguidores ni a los doce apóstoles que predicaban con él hace dos mil años.

Salvo en contadísimas ocasiones, la jerarquía eclesiástica no denuncia esta política económica depredadora. La Iglesia ha dejado de ser un faro moral. Esa Iglesia, que fomenta la resignación cristiana a cambio de una promesa de felicidad en el más allá, sorprende con su tolerancia ante todo tipo de actividades ilícitas u opacas y con su silencio ante la corrupción y el hambre del mundo. Se limitan a propiciar la caridad sin atacar las causas del hambre y defienden o apoyan a dictaduras y a personajes impresentables. Se atribuye al pensador cristiano Vittorio Messori un comentario sobre Berlusconi: «Mejor un putero que haga buenas leyes para la Iglesia que un catoliquísimo que nos perjudique».

Sorprende el silencio de la jerarquía católica española, salvo excepciones, sobre el proyecto Eurovegas en Madrid, cuya filosofía chocaría frontalmente con los más elementales principios evangélicos.

Sería muy importante que el nuevo papa Francisco diera un rumbo nuevo y distinto a una Iglesia protocolaria, complaciente con los poderes corruptos y alejada de los pobres y de quienes sufren. ¿Representa este papa la primacía de una Iglesia pobre y pastoral sobre una iglesia institucionalizada como un poder fáctico más? ¿Será capaz el papa de acabar con la marginación de las mujeres en el Iglesia?

Yo creo que este hombre trae aires nuevos. La cuestión es saber hasta qué punto van a permitirle ejecutar estas ideas. La jungla de los listos también tiene poderosos peones incrustados en la Iglesia.

Doce requisitos para un buen gobierno

El tercer pilar para cambiar las cosas reside en la justicia. La educación y la ética nos llevan de manera lógica a la justicia. Distinguir entre el bien y el mal es una cuestión sencilla. Seguro que una amplísima mayoría de ciudadanos estaría de acuerdo en que hay una serie de requisitos imprescindibles para un buen gobierno, superando incluso la dicotomía entre izquierdas y derechas. En mi opinión, esos principios son los siguientes:

1. Todos podemos aceptar que, en épocas de crisis, tengamos que hacer esfuerzos que reducen nuestro bienestar, siempre que ese esfuerzo sea proporcional a la riqueza de cada uno. Vemos con desmoralización cómo la crisis no la pagan los que más tienen, sino que, repito, siempre recae en las clases medias y populares. Aquí solo cabe la implantación de un sistema fiscal riguroso, progresivo, que corrija la acumulación de riqueza que, por inercia, un sistema como el imperante provoca, favoreciendo que el rico sea cada vez más rico.
2. Por encima de ideologías, una inmensa mayoría de españoles tenemos clara una serie de prioridades. Si tenemos valores humanos, sensibilidad y solidaridad, coincidiremos en que hay tres grupos de personas que un sistema justo debe cuidar especialmente: los niños, los ancianos y los que tienen algún grado de minusvalía o de dependencia.

   Los niños son el futuro y no deberíamos tolerar ningún recorte que afecte a su alimentación y a su educación. No es tolerable en el siglo XXI que lleguen a los colegios niños con el estómago vacío o sin dinero para comprar los libros de texto.

   Nuestros ancianos, los pensionistas —casi nueve millones de españoles—, no pueden ser los paganos de una crisis que no han originado. ¿Qué sociedad, qué sistema, puede mirarse a la cara si no es capaz de reconocer con una pensión digna a quienes han trabajado como negros para levantar este país?

¿Y las personas dependientes? Uno de los mayores logros de la humanidad ha sido prolongar la esperanza de vida hasta edades insospechadas hace unos años. Pero ese logro ha originado que más de dos millones de españoles tengan problemas de muy distinto grado para vivir sin ser cuidados. Con buen criterio, para afrontar esa situación se aprobó una Ley de Dependencia que permitía a estas personas y a sus familiares paliar en parte las limitaciones que padecen. La cara más fea de la crisis y los recortes se están cebando en este colectivo. En los presupuestos de 2014 se rebaja de nuevo esta partida en un 46%. Hasta en la selva algunas especies de animales cazan para llevar el alimento a otros que están heridos o enfermos.

3. Creo que también gozaría de amplio consenso fomentar una cultura de la paz y no de la guerra. Si más de mil millones de personas pasan hambre en el mundo, no puede admitirse un gasto diario de tres mil quinientos millones de dólares en armamento. Con ese dinero nadie dejaría de tener un mínimo de alimento para llevarse a la boca.
4. La inmensa mayoría de ciudadanos estamos a favor de implantar leyes duras y ágiles que castiguen la corrupción. Leyes que permitan escarmientos para quien mete la mano, evade impuestos o se lleva el dinero a paraísos fiscales. Un sistema contra estafas como las preferentes, Fórum Filatélico, Gescarte-

ra, etc. sería una manera eficaz de devolver a los ciudadanos la credibilidad en las instituciones.

5. También una amplia mayoría aplaudiría una auténtica separación de poderes entre el legislativo, el ejecutivo y el judicial. La ciudadanía desconfía, y con razón, de que el Tribunal Constitucional, el Consejo General del Poder Judicial y el fiscal general del Estado sean nombrados por los partidos políticos.
6. Compartirán conmigo la desmoralización que supuso conocer que este Gobierno amnistió a cientos de defraudadores haciéndoles pagar menos del 10% por una vez, en lugar de aplicarles lo que dice la ley: pagar cuatro veces lo defraudado. Mientras tanto, a los españoles que tenemos una nómina nos detraen por el Impuesto sobre la Renta de las Personas Físicas de un 22 a un 50%. No sé lo que han ingresado con esta medida, pero el daño moral ocasionado es de difícil reparación.
7. Del mismo modo, somos mayoría los que creemos que deben eliminarse los sueldos vitalicios de los políticos y las pensiones máximas que logran tras solo ocho años de vida parlamentaria. Y, por supuesto, la prohibición a presidentes de Gobierno y ministros de pasar de la política a puestos de remuneración escandalosa en empresas a las que han beneficiado en su gestión política.
8. La población percibe que vivimos en una democracia formal, pero no real. No se entiende que la

elección del presidente del Gobierno de España no sea por voto directo de todos los españoles. Las listas cerradas son un artificio para reforzar la partitocracia frente a los ciudadanos.

9. No es ético, ni justo, ni soportable que en un país con más de tres millones de viviendas vacías sean desahuciadas familias con niños a las que la crisis ha conducido al paro, sin que puedan hacer frente a las amortizaciones de los créditos.
10. Sería fácil un consenso mayoritario en la exigencia de una Europa de los ciudadanos y no de los mercaderes, donde nuestros destinos fueran dirigidos por personas con vocación de servicio y no por organismos como el BCE, el FMI, el G-8, el G-20, bancos y medios de comunicación al servicio de la jungla de los listos.
11. Estoy seguro de que quienes están leyendo este libro estarán de acuerdo conmigo en que defender una sanidad y una educación pública para todos es de obligado cumplimiento, más allá de hacerla compatible con una sanidad y una educación privadas para quien quiera pagarlas.
12. Si no tenemos ni petróleo ni gas y, además, nos advierten de que si seguimos emitiendo CO_2 a la atmósfera nos cargamos el plantea, parece lógico el resultado de una reciente encuesta según la cual el 88% de los españoles apuesta por apoyar las energías renovables. Sería ilógico no hacerlo.

¿Tan difícil es aplicar esos principios básicos como inicio de una regeneración política, social y económica? ¿Por qué los dos grandes partidos no se dan cuenta de que el desapego de los ciudadanos es tan grande que pueden encontrarse en las próximas elecciones con una gran mayoría que no vote o que vote en blanco?

¿No sería posible que algún español sabio, honrado, sin ataduras ni militancia política (créanme que los hay) convocara a los partidos políticos para hacerles ver que ante esta emergencia nacional deben prestar un servicio a España y a los españoles?

Alguien podría preguntarse si este catálogo mínimo de medidas es de izquierdas o de derechas. Jamás me he definido, ni en un sentido ni en otro. Creo en las personas más que en las siglas o en las ideologías. Sí me considero una persona progresista que está siempre con el humilde frente al poderoso y en contra de las injusticias. Y en esta tesitura creo que estamos la mayoría. Los principios enunciados para empezar a cambiar las cosas no son patrimonio ni de la derecha ni de la izquierda. Son patrimonio de la decencia.

Estos tiempos dominados por el dinero, que han parido corrupción y miseria, paralelamente nos han dejado huérfanos de estadistas con talla moral e independencia. Ya no tenemos un Adenauer, un Churchill, un De Gaulle o un Adolfo Suárez. ¡Qué huérfanos estamos de liderazgo!

Como decía en mi anterior libro, la humanidad genera constantemente genios en múltiples materias. Es urgente que afloren en la política.

12
ASÍ VEO A ESPAÑA

Tengo setenta y un años. Nací en la época probablemente más dura de los últimos setenta y cuatro años, si hacemos abstracción de los más de cuarenta años de terrorismo de ETA. Me refiero a la posguerra, a los años del racionamiento... Pero España y los españoles siempre habían tenido hasta ahora la sensación de que, teniendo aún muchas carencias económicas y sociales, el horizonte a corto plazo iba a ser mejor, por más que los avances fueran lentos. Y así ha sido ininterrumpidamente. Ahora ya no.

Los recortes, los ajustes de las prestaciones sociales, el paro masivo, la amenaza más que real contra la gratuidad de la educación y la sanidad, el riesgo de ser despedidos con indemnizaciones ridículas han hecho que los ciudadanos tengan por primera vez la sensación de que estamos en una involución que va a retrotraernos veinte años al pasado.

Por primera vez se percibe en España la sensación de que nuestros hijos van a vivir peor que nosotros. En solo tres años la pobreza relativa ha aumentado un 4%.

Con un paro juvenil masivo, que supera el 50%, y con miles personas que han perdido el trabajo y tienen hipotecas pendientes, es curioso que las míseras pensiones de los mayores de sesenta y cinco años estén siendo el refugio de muchas familias para, al menos, llevarse algo a la boca cada día. Ya no es una hipótesis la cacareada bajada de las pensiones como exigencia de la señora Merkel. Es una realidad.

El divorcio de los españoles de la clase política

Miles de hogares verán agravada con esta medida sus ya precarias condiciones de vida. Hay un sentimiento de acojonamiento y vulnerabilidad. Sorprende que hasta ahora no se haya visto demasiado alterada la paz social. Pero, de seguir así las cosas, no sería nada extraño un estallido. La última encuesta del CIS dice que el 90% de los ciudadanos se siente peor que hace un año. Y una inmensa mayoría opina que estaremos aún peor el año que viene.

Las consecuencias de este panorama se derivan de dos hechos incuestionables y gravísimos: el divorcio de los ciudadanos de la clase política y el riesgo real de desmembración territorial de una nación que tiene quinientos años de historia en común.

Cuando los ciudadanos pasan de creerse ricos a ser pobres, es lógico que busquen responsables, y los han encontrado, también lógicamente, en quienes nos gobiernan y en quienes los ponen allí, que son los partidos políticos. Ya he explicado suficientemente las cuestiones que habría que abordar para recuperar la confianza de la gente. De no hacerse, y no veo voluntad de que lo hagan, vaticino un panorama político desolador en 2015, cuando se celebren nuevas elecciones. Un 50% no votará o votará en blanco, y el arco parlamentario será tan variopinto que formar un Gobierno estable será trabajo de titanes.

Italia es un país con tradición de desgobiernos o de ausencia de Gobiernos, y mal que bien sigue tirando. Están acostumbrados y forma parte de su cultura política. En España, no. Y ahora menos, con la pavorosa crisis que no va a remitir a corto plazo. Si ya es complicado gobernar con mayorías absolutas, no quiero imaginarme un arco parlamentario con una docena de partidos, y la mitad de ellos pidiendo la independencia de Cataluña, del País Vasco, de Galicia, de Baleares, de Valencia o de Cartagena.

A perro flaco, todo son pulgas

El refranero español es sabio y hay un dicho que viene al pelo en esta coyuntura: A perro flaco, todo son pulgas. Es una constante histórica que en las crisis profundas los gobernantes sean propensos a cargar las culpas en los demás, es decir, en factores exógenos a su gestión.

Y así me viene a la cabeza el órdago de Cataluña, que es de una gravedad máxima.

Si la economía española creciese como lo hacía en 2007 (al 4,5%) y el paro no llegase al 7%, ¿alguien se imagina un planteamiento como el que han hecho los separatistas? Seguro que no. Estaría el Pujol de turno pactando con el PSOE o con el PP para intentar «ordeñar» de la vaca de los Presupuestos Generales la mayor cantidad posible de euros.

La crisis afecta a toda España, pero muy especialmente a una comunidad autónoma tradicionalmente rica, como es Cataluña, donde la situación se ve agravada por la política suicida de endeudamiento de los últimos Gobiernos de la Generalitat, con la que han superado el 22% de su PIB en endeudamiento. Cuando la política de recortes exige aún más tijera que en otros territorios, el presidente Artur Mas y las demás fuerzas independentistas escogen un camino que a corto plazo siempre da buenos resultados: envolverse en la bandera y echar la culpa de sus males a una sanguijuela llamada España. Y este envite anticonstitucional encuentra enfrente a un Gobierno débil y agazapado.

El planteamiento de una parte importante de la sociedad catalana es muy serio, y en algunos aspectos, lógico. Hace tiempo que el Gobierno central debería haberse hecho eco de una desigualdad en el trato fiscal a Cataluña. Dentro de la lógica solidaridad interregional que consagra la Constitución, es cierto que esta comunidad autónoma tiene un excesivo déficit entre lo que aporta y lo que recibe. El Gobierno no puede aceptar la vulneración de las leyes, pero tendría que ofrecer unas relaciones distintas con este territorio. Y sentarse a negociar urgentemente.

Solo digo que, de consumarse esa secesión, el resultado sería caótico para España y para Cataluña. Crisis económica, desapego de los ciudadanos hacia los políticos y las instituciones, y un horizonte de desmembración de España forman un cóctel explosivo.

El peor negocio posible

Y no podemos olvidar el drama que supone que un 55% de los jóvenes de entre dieciocho y veinticinco años estén en el paro. De entre ellos, un millón y medio de licenciados en distintas materias. Esto constituye un desastre, por más que se diga que emigrar es hasta bueno. Cada licenciado cuesta al erario público y a las familias unos treinta y cinco mil euros. Asumir esta formación y su coste para que luego vayan a otros países a poner en práctica sus conocimientos es el peor negocio posible.

Trescientos mil de esos licenciados ya han abandonado España. Estamos desaprovechando a la generación mejor preparada de la historia.

Después de analizar este panorama, parece lógico preguntarse cuál será la evolución previsible de la economía española a corto plazo.

El Gobierno y sus corifeos han dado la consigna de repetir machaconamente que lo peor ha pasado y que en 2014 se creará empleo neto. Por desgracia, no va a ser así.

Una cosa es que haya terminado la recesión, lo que técnicamente se conoce como el fin del decrecimiento del Producto Interior Bruto, y otra cosa es crecer lo suficiente como para generar empleo. Se estima que un crecimiento inferior al 2% no aumentaría el número de ocupados. Con la política económica del Gobierno plasmada en los Presupuestos de 2013 es imposible.

Los asalariados son dieciséis millones. Trescientas mil personas verán reducidos sus salarios con relación al incremento de los precios un 1,5%. Los pensionistas van a perder poder adquisitivo en otro 1,5%. Esos dos colectivos son los que motivan el grueso de la capacidad de compra de los españoles. Si a esto le sumamos una subida generalizada de impuestos y una restricción de créditos de un 25%, que va a frenar la inversión, la demanda interna va a caer notablemente.

La capacidad de demanda es el motor de la producción y, por ende, del empleo, aunque el número de parados puede disminuir incluso con recesión. ¿Cómo? Emigrando, por ejemplo. Como acabo de decir, en los últimos cuatro años han emigrado trescientos mil jóvenes españoles.

En España ya solo trabajan poco más de dieciséis millones de personas sobre una población total de cuarenta y siete millones. Ahora nos dicen que el paro sube menos. Pues claro. Entre agosto de 2012 y diciembre de 2013 han salido de España cuatrocientas mil personas. Lo importante es que suba el número de personas que trabajan, y mientras no haya políticas inversoras que dinamicen la economía será imposible revertir la situación.

Al hilo de esta cuestión y ante el optimismo de nuestro presidente hace unos días desde Kazajistán, anunciando que España creará empleo neto en 2014 con un «gran» crecimiento, coloqué en la red este tuit:

Miguel Ángel Revilla @RevillaMiguelA 2 oct
Si el 31 de Dic de 2014 hay más personas trabajando que ahora, 16,5 millones, prometo ir desde Cantabria a Santiago de Compostela y postrarme ante el Apóstol San Mariano

De vez en cuando, dada mi tendencia al exceso verbal, hago promesas públicamente que luego me toca cumplir.

Recuerdo que el jueves 11 de septiembre de 2008 me llamaron de Radio Cataluña en directo para decirme que tenían a un mago que llevaba meses acertando los resultados del Barça y, dado que el sábado jugaba el Racing en el Nou Camp, me quería adelantar el resultado del encuentro. Me pasaron con el mago y me dijo que el resultado del partido sería empate a uno. Me eché a reír y le dije:

—Si ese milagro se produce, el domingo 14 de septiembre a las ocho de la mañana me planto en la plaza de Ampuero, me calzo las albarcas y subo andando los siete kilómetros que hay hasta el santuario de la patrona de Cantabria, la Bien Aparecida, para postrarme ante su imagen.

Llegó el sábado 13 y el Racing, después de ir perdiendo uno a cero durante todo el partido, empató a última hora gracias a un gol de Pereira.

Inmediatamente empecé a meditar si serían muchos los que habían oído mi promesa hecha en Radio Cataluña. Llamé inmediatamente a mi compañero Guillermo y le dije que, por si acaso, teníamos que madrugar al día siguiente y presentarnos en Ampuero ataviados con albarcas. En el viaje le comenté que, si llegábamos al lugar de la cita y no había nadie, pasado un tiempo prudencial regresaríamos a Santander.

Poco antes de las ocho de la mañana ya estábamos en Ampuero y, ¡oh, sorpresa!, dos cámaras de televisión y varios periodistas nos estaban esperando. Con toda naturalidad sacamos del maletero las albarcas, nos las calzamos, cogimos una vara de avellano y nos encaminamos a la Bien Aparecida.

Nada me gustaría más que equivocarme y cumplir la promesa que hago en el tuit a don Mariano, que a partir de ese momento sería san Mariano. Pero, como dijo una vez el torero El Gallo a su cuadrilla, ante un toro imposible de torear: «Lo que no puede ser no puede ser y además es imposible».

¿Qué nos espera en los próximos años? Es cierto que la recesión económica ha terminado. Los que la desataron, los poderes financieros, los ricos que no pagan, los que tienen los dineros en paraísos fiscales, en suma, la jungla de los listos ha dicho basta. Ya han puesto a la mayoría de la población en su sitio, es decir, plebe a su servicio. Ya tienen mano de obra barata haciendo cola, y terrenos, inmuebles y empresas a mitad de precio.

Hace cinco años eran noticia los que ganaban mil euros. Hoy hay seis millones de parados dispuestos a trabajar por seiscientos.

Los apartamentos en urbanizaciones de las zonas turísticas de España que valían trescientos mil euros se compran hoy por ciento cincuenta mil.

Hundieron la Bolsa y ahora compran los valores de la mayoría de las empresas con un 40% menos de valor.

Esos mismos capitales que huyeron de España hace cinco años y nos provocaron una crisis artificial vuelven ahora para comprar las gangas.

Asfixiando la sanidad y la enseñanza públicas, han conseguido que tomen el relevo las iniciativas privadas. No tienen escrúpulos en hacer negocio con las enfermedades y la educación.

Con la amenaza de rebajar aún más las paupérrimas pensiones, alientan el negocio privado de los planes de pensiones de bancos y aseguradoras.

Efectivamente, tienen razón Rajoy, De Guindos, Montoro y demás voceros. La recesión ha terminado. A la jungla de los listos no le interesa depauperarnos más, porque podría resultar peligroso. Ellos ya han conseguido hacerse mucho más ricos y poderosos.

Pero una cosa es que la economía no siga cayendo y otra muy distinta que tengamos a corto plazo un crecimiento que alivie el drama de la mayoría de españoles.

Los causantes de la crisis van a tirarse ahora un temporada haciendo la digestión del atracón pegado antes de tomar la decisión de dejarnos que nos recuperemos. Van a ser al menos dos años de caminar por el fango antes de que llegue el momento del alivio, hasta que los depredadores quieran volver a salir de cacería.

Solo el amanecer de un nuevo orden mundial dirigido por personas de probada honradez y ética será capaz de acabar con este diabólico tobogán que ha consagrado una economía sin reglas, tolerada y apoyada por dirigentes políticos sin escrúpulos.

13
NO DEBEMOS CALLARNOS

Lo que está pasando en España es de tal gravedad —y la catarata de medidas discurre siempre en la misma dirección— que prácticamente no tenemos tiempo para el respiro. Se siente impotencia y surge inmediatamente el comentario resignado: «¡No hay nada que hacer!».

Confieso que hay días en que el desánimo también me invade. Son poderes tan importantes, con tantos resortes, que a veces nos da la impresión de estar luchando con un tirachinas contra un ejército armado hasta los dientes. No merece la pena.

En los medios de comunicación hay espacios de libertad, pero están perfectamente calculados. Son gotas de agua para dar la impresión de que estamos en un país libre, pero no podemos olvidar a quienes los controlan. Pero lo último que debemos hacer es callarnos y aceptar como borregos y con resignación las medidas que nos aplican. Entonces será el fin.

No podemos, no debemos callarnos. Cada uno en la medida de sus posibilidades, tenemos que hacer notar que no comulgamos con ruedas de molino. Hoy tenemos una rendija que aún no controlan: las redes sociales, un instrumento que, bien utilizado, puede convertirse en un arma poderosísima. Yo puedo dar fe de ello.

Quien guarda silencio ante lo que está pasando se convierte en cómplice. Todos los grandes avances de la humanidad son el fruto de la lucha, a veces muy lenta y dolorosa. Ahora nos parecería increíble que estuviera prohibido el voto de las mujeres, el derecho a la huelga o permitidas la esclavitud y las jornadas laborales sin descanso. Existe una democracia, aunque sea formal. Y estamos ante una nueva etapa en la que los ciudadanos van a condicionar cada vez más las decisiones políticas.

En el mes de septiembre todo estaba preparado para la intervención militar en Siria por parte de Estados Unidos y sus socios tradicionales en estas lides, al margen de la aprobación de las Naciones Unidas. Los preparativos de la operación recordaban la argumentación de la guerra de Irak: armas de destrucción masiva, crímenes contra la humanidad, etc. Se las prometían muy felices.

Como siempre cuando Estados Unidos decide iniciar hostilidades, el Reino Unido anunció su apoyo incondicional. Encuestas publicadas por la prensa inglesa mostraron un rechazo del 70% de la población a esa intervención. El partido conservador inglés y sus socios liberales, que tienen mayoría absoluta en la Cámara de los Comunes, recibieron un revolcón histórico de rechazo, a pesar de la encendida defensa que el *premier* David Cameron realizó de la participación británica en la operación.

El presidente francés, François Hollande, que también había prometido la participación francesa en la aventura bélica, tuvo que recular ante el rechazo masivo de la opinión pública francesa.

Barack Obama también ha tenido que dar marcha atrás. La opinión pública norteamericana, tradicionalmente proclive a las guerras fuera de su territorio bajo el pretexto de la seguridad nacional, ha mostrado su rechazo: más del 60% de los estadounidenses reconocen su disconformidad con los propósitos del premio Nobel de la Paz.

Tenemos que ser optimistas ante el poder, cada vez mayor, de los ciudadanos como correctores de medidas descabelladas de los gobernantes.

Es importante que organismos creados para solucionar conflictos, y que en sus principios y propósitos tienen misiones loables, dispongan de verdadero poder ejecutivo en la toma de decisiones. Y no como hasta ahora, pues son demasiadas las veces en que solo han servido para declarar intenciones. Organismos como la ONU, la UNESCO o el Tribunal de Justicia de La Haya deben tener un peso definitivo y ejecutivo, de obligado cumplimiento, sustituyendo a siglas dominadas por la jungla de los listos, como el G-8 y el G-20.

No nos van a conceder nada graciosamente. Son los ciudadanos comprometidos con un mundo mejor los que impulsarán los próximos cambios. Y ese mundo mejor no solo es necesario, también es posible.

Humildemente, yo no voy a callar. Espero que quienes me estáis leyendo tampoco lo hagáis.

PUNTO Y SEGUIDO

Animado por el éxito de mi primer libro y, sobre todo, por la cantidad de personas que me pedían el segundo, me puse a escribir el día 1 de septiembre de 2013, como siempre, con un rotulador Pilot. Acompañado de dos o tres cuadernos cuadriculados, iba trasladando al papel mis ideas, unas veces cuando viajaba de copiloto mientras mi compañero Guillermo me llevaba en su coche a Teruel, Salamanca, Soria u Orense, y otras veces en aeropuertos, soportando las demoras de los aviones, o en rincones de Cantabria, aplicando la frase de Cervantes: «Toda incomodidad tiene su asiento».

Escribo este último capítulo el miércoles 9 de octubre de 2013. La principal pretensión de este libro es abrir los ojos y los oídos de mis compatriotas y predisponerlos contra las informaciones falsas o envueltas en medias verdades. En suma, no comulguemos con ruedas de molino. Me he limitado a trasladar al papel lo que percibo, que coincide con lo que me cuenta la mayoría de sufridos ciudadanos españoles.

Denuncio un mundo que ha cambiado sustancialmente en los últimos cincuenta años, que ha caído en manos de la avaricia monetaria y que cuenta con los peones necesarios para conseguir sus objetivos. Me mojo y doy nombres y apellidos.

Es un libro duro, porque lo que cuento se entiende. Sé que a partir de ahora el número de enemigos que tendré frente a mí será elevado. Serán bastantes y poderosísimos. Y sé que el libro les va a provocar desasosiego, porque desmonto el tinglado en el que están instalados y porque se va a leer mucho. Si fuese un documento leído por unos pocos, no preocuparía en absoluto.

Soy consciente de que habrá campañas para desacreditarme. Comprenderéis que jamás se me ocurriría escribir un libro tan duro si tuviese algo que ocultar. He cometido montones de errores a lo largo de mi vida y, lo que más interesa, también en la vida política. Yo no soy de esas personas a las que cuando les preguntan si se arrepienten de algo contestan que no. Pero hay cosas que son absolutamente ciertas: jamás, ni en sueños, he tenido la tentación de quedarme con algo que no fuese el salario de mi trabajo; jamás he colocado a ningún familiar en la Administración pública; jamás he indicado a nadie quién debería beneficiarse de la adjudicación de una obra o un servicio. Y todas mis acciones han estado encaminadas a lograr el interés público. De ahí que, hagan lo que hagan, mi fortaleza moral es infinita. Chocan contra una roca tan alta y dura como Peñalabra, a cuya vera nací.

Lo que sí recibo en el entorno más próximo es el reproche de por qué me meto en estos charcos cumplidos los setenta y un años. Tengo la impresión de que no me voy a jubilar nunca. Cada vez me indignan más las injusticias y que nos cuenten cuentos.

Voy a seguir denunciando lo que considere injusto y dando mi opinión sobre lo que pasa. Entiendo que con la que está cayendo mucha gente no se atreva a hablar por si su situación empeora. Hay miedo.

Probablemente, si mi vida y, sobre todo, la de mi familia dependieran de tener que aguantar situaciones no demasiado éticas, también guardaría silencio. Pero tengo la enorme suerte de no verme obligado a mendigar nada. Sería insoportable que en estas condiciones fuera un cobarde.

Lo he dicho ya y lo repito ahora: pretendo ser altavoz de los que no tienen voz, con la única pretensión de sentirme tranquilo con mi conciencia. No quiero tener que enfrentarme cada mañana, cuando a las siete me coloco ante el espejo para afeitarme, al rostro de un cómplice de lo que está pasando.

Y a la postre, al menos para mí, todo esto es tremendamente gratificante. Prefiero ser odiado y estar en el punto de mira de los poderosos que ser rechazado por la inmensa mayoría de buenos ciudadanos de este país que sufren las consecuencias pavorosas de esta crisis sin tener ninguna culpa.

Recorrer España y recibir tanto cariño no tiene precio. Sentarte a tomar una cerveza frente a la Giralda de Sevilla o en la monumental Plaza Mayor de Salamanca y verme rodeado de decenas de personas que me abrazan o me besan es una sensación tan maravillosa que no la cambiaría por nada en este mundo.

¿De qué les sirve a Rato, Bárcenas, Urdangarin, Blesa, Díaz Ferrán y a los banqueros que han arruinado a tanta gente tener mansiones, yates y dinero si no pueden sentarse con tranquilidad en ningún lugar público so pena de ser increpados, y con razón? Estamos aquí cuatro puñeteros días; pasemos por esta vida intentando mejorar en primer lugar la propia y la de nuestro entorno, pero sin avasallar ni explotar a los demás. Sin hacer de la codicia una meta.

La mejor herencia es dejar una estela de personas que mayoritariamente hablen bien de uno. Las mayores alegrías que he recibido han sido las que me han proporcionado personas que se han acercado a mí para contarme cosas maravillosas de mi madre y de mi padre. Espero que en el futuro, ya bastante próximo, cuando la gente hable con mis hijas y nietos sobre mí, les digan lo que yo he oído de mis progenitores.

Quiero aclarar una última cosa. Es imposible que todos apoyen lo que uno dice. No sería bueno. Cuando hablas con claridad perjudicas a mucha gente. Lo importante es que en tus manifestaciones públicas siempre estés a favor de los más necesitados, de los oprimidos y en contra de los opresores y poderosos que diseñan un mundo para sus intereses personales.

Esto es un punto y seguido con mis lectores. Me seguiréis viendo en la televisión, oyendo en la radio y en los pueblos y ciudades a los que acudiré para dar charlas, pregones o firmar libros. Si mi frágil salud me sigue respetando, seguiré dando caña.

Agradezco el cariño, que es pura inyección en vena para seguir luchando.

Y no descarto un nuevo libro, el tercero, para volver a poner de actualidad el refranero español: A la vejez, viruelas.